'Ik wil dit boek opdragen aan Ton Klomp Alberts
die mij het licht heeft laten zien van een kok!'
Albert Kooy

DE NIEUWE NEDERLANDSE KEUKEN ALBERT KOOY

FOTOGRAFIE PIETER OUDDEKEN

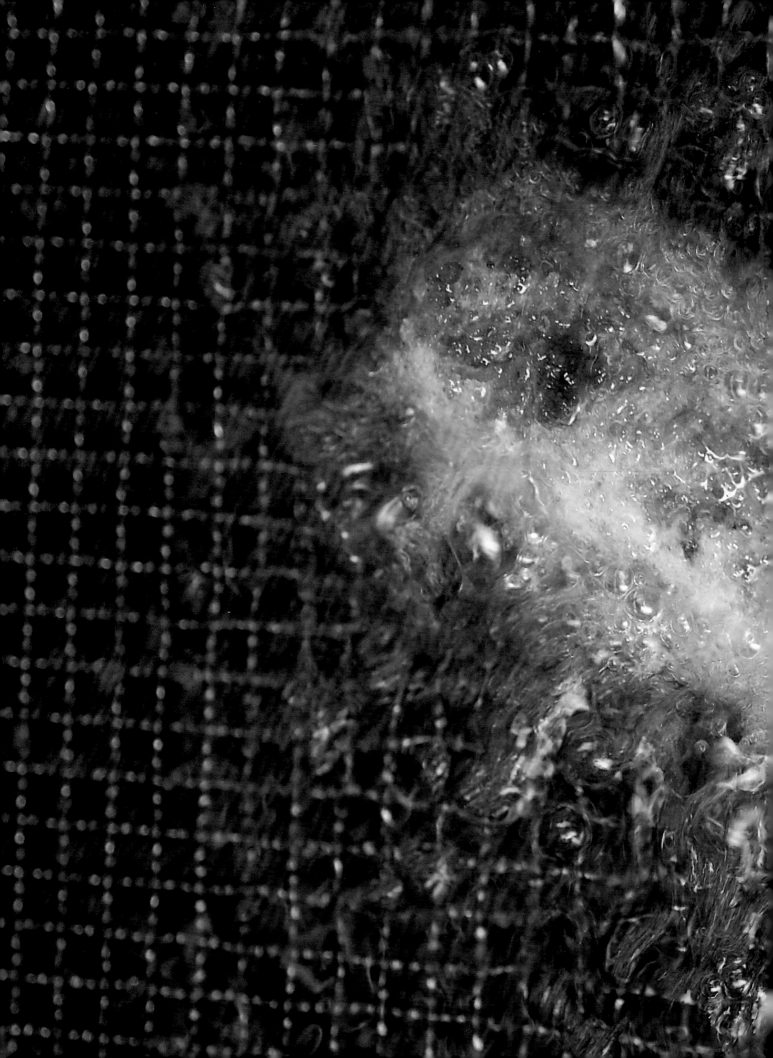

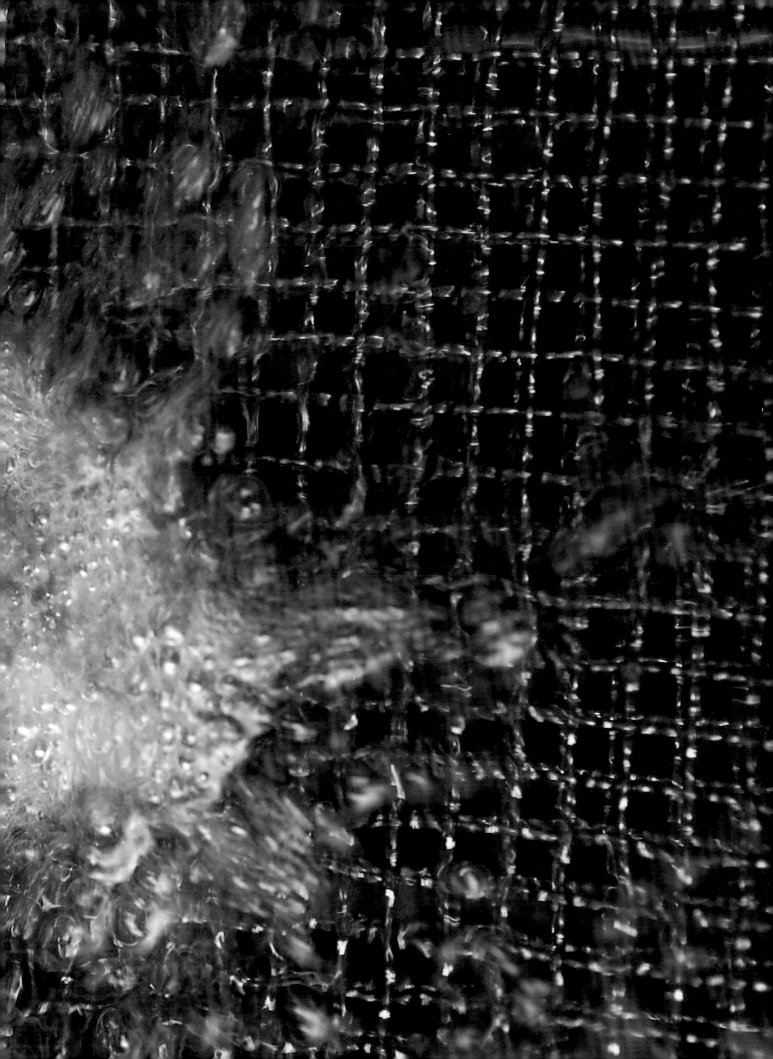

'Nederland is een rijk land als het om ingrediënten gaat. Door de sterk wisselende seizoenen hebben we enorm veel variatie in oogsten. Daarnaast hebben we een veel grotere historie in "eetcultuur" dan men wel eens denkt. Daarom voel ik me prettig bij De Nieuwe Nederlandse Keuken!

Dit boek is een naslagwerk dat ik als trotse Hollander met veel plezier lees en waar ik mijn inspiratie uit put!' Marc van Gulick, de Heeren van Harinxma, Bilderberg Landgoed Lauswolt, Beesterzwaag

'In de snelle tijd van tegenwoordig zoeken we allemaal naar onze identiteit. Een belangrijk onderdeel daarvan is het verleden, de verloren tijd. Maar door middel van herinneringen is deze eigenlijk nooit echt verloren. We beleven haar telkens weer; het is het deel van wat we dromen te zijn en te worden. Voor de compositie van mijn kaart ben ik op zoek gegaan naar dat verleden. Nostalgisch ben ik teruggekeerd naar oude smaakervaringen, die me aan mijn jeugd herinneren en die me maken tot de persoon die ik ben. Deze smaken heb ik vertaald naar het hier en nu. Ik gebruik de inspiratie van vroeger met de technieken van vandaag en de passie van alle tijden.' Schilo van Coevorden, College Hotel, Amsterdam

'De gedachte achter de Nieuwe Nederlandse keuken is eigenlijk vrij eenvoudig en zeer oud. In het kort komt het er op neer dat je gebruik maakt van de ingrediënten uit je omgeving en uit de juiste seizoenen. Vul ze aan met internationale invloeden zolang ze iets toevoegen en je hebt 'De Nieuwe Nederlandse Keuken.'
Waarom dan nog discussies? Het gaat toch over die bijzondere recepten en de soms extreme uitgangspunten die Albert meer heeft dan ik.' Christian van de Linden, Christian, Den Haag

'Er zijn in ons land heel veel producten die minstens de hoge kwaliteit hebben van de producten van 'naam', die we altijd van verre hebben moeten halen. Ook zijn we niet 'gevangen' in de strakke regels van de oude keuken en hebben we in Nederland bergen talent aan boord. De Nederlandse keuken kan en zal absoluut doorgroeien tot een vaste waarde in de wereld!' Jonnie Boer, De Librije, Zwolle

Inhoud

11

Je bent wat je eet!

Het is de vrijheid en verscheidenheid van uitingen in ons vak die de nieuwe keuken onderscheidt van de oude. Dit heeft niets te maken met de leeftijd van de chef, maar wél met het repertoire waar de kok van de oude keuken vaak zelf voor heeft gekozen en waarin hij gevangen zit.

Vandaag de dag hoeven wij koks ons niet meer aan te passen aan de conventies van het verleden. We zijn vrij om te zoeken naar nieuwe smaken, technieken en producten, om ze vervolgens toe te passen in onze gerechten. Deze onafhankelijkheid is niet zonder risico's, maar ze biedt wel een nieuwe rijkdom voor die gasten die zowel hun fysieke als hun geestelijke motor willen voeden.

Het is de wisselwerking tussen wie je bent en wat je eet of drinkt.
Laten we trots zijn op ons nationale culinaire en gastronomische erfgoed en alleen gaan voor het beste, voor smaak, zelfs al moeten we er de nodige kilometers voor omrijden. Het is de enige manier om de culinaire vrijheid niet te laten verdwijnen.

Robert Kranenborg,
kok in hart en nieren

PS. Albert, hartelijk bedankt voor dit meesterlijke boek.

14

Dit basiskookboek geeft mogelijke richtlijnen aan voor de hedendaagse Nederlandse kok. Onder invloed van kooktrends, topkoks, nieuwe ingrediënten, moderne technieken en de populariteit van bepaalde landen, is op het gebied van voeding een en ander nogal doorgeslagen. Op dit moment kunnen we eigenlijk alles – nou ja, bijna alles – kopen, krijgen of maken, maar we vragen ons zelden af waar het eigenlijk vandaan komt – uit welke grond, uit welk water – of welke afstand het heeft afgelegd, voordat het bij ons in de koelkast, de winkel, het restaurant terechtkwam.

Kortom, we vragen ons zelden af hoe het ons milieu heeft belast of nog steeds belast. Als we onze voedingsgewoontes zo handhaven, moet het natuurlijk wel een keer fout gaan, of we nu wel of niet bewust nadenken over de producten die we in onze keuken gebruiken!

De Nieuwe Nederlandse Keuken is voor mij een keuken die is gebaseerd op eigentijdse kennis van ingrediënten en inzicht in de wijze waarop de (professionele) kok daarmee omgaat. Een gezonde en eigentijdse keuken die dier- en milieuvriendelijk en duurzaam is, een keuken die voortbouwt op de eeuwenoude cultuur van ons land.

Het lijkt wel alsof we ons ervoor schamen dat Nederland een eigen culinaire cultuur heeft – we zijn er in ieder geval niet trots op.

En zelfs als we koken op een echt ambachtelijke manier (dat wil zeggen, als we geen kant-en-klare kruidenmelanges of andere smaakmakers gebruiken die zijn gemaakt of bedacht door de voedingsindustrie, maar alles zelf maken) dan nog laten we ons graag door kookboeken van internationale koks voorschrijven welke internationale hippe gerechten er bij ons op het bord verschijnen.

Als kok moet je er trots op durven zijn op het bord te laten zien in welk land je kookt, in welk seizoen je kookt en natuurlijk met welke producten je dit realiseert. Als kok besteed je 80 procent van je tijd aan die producten: je houdt je warenkennis op peil, doet boodschappen, slaat aankopen op en beheert ze. Daarna besteed je 20 procent aan bereiding, waarbij de zorgvuldig ingekochte producten de hoofdrol spelen in de keuken. Let erop dat je kookt met respect voor het product! Als je met topproducten kookt, zou je eenvoudig moeten koken om de ingrediënten te respecteren.

Eenvoud is top!

Albert Kooy

Voorspel kok worden

Dit kookboek over de Nieuwe Nederlandse Keuken is niet van de ene op de andere dag geschreven. Er is een lange periode aan voorafgegaan, waarin mijn denken over koken vaste vormen kreeg. Dat denken begon zelfs al vóór het moment waarop ik het besluit nam om kok te worden.

DE BASIS

Als jongen van vijftien jaar twijfelde ik nog over wat ik later zou worden – en welke jongen van die leeftijd doet dat nou niet? – zilversmid, reclametekenaar of kok. Het zijn alle drie creatieve beroepen waarin je met je handen iets moois kunt maken.

Doordat mijn moeder altijd aan het experimenteren was in haar keuken, kwamen er bijzondere maaltijden op tafel, met veel buitenlandse invloeden. Dat deed mij hunkeren naar eenvoudige Nederlandse gerechten, met herkenbare ingrediënten en de smaak daarvan. Mijn moeder vond de Hollandse pot echter niet interessant, ook al doordat mijn ouders tien jaar in Afrika hadden gewoond.

Dat ik er uiteindelijk voor koos kok te worden, was te danken aan Ton Klomp-Alberts, de vader van Jessica, mijn eerste liefde. Op een dag gaf hij me een rondleiding door het Promenade Hotel in Den Haag, waar hij chef-kok was. Ton was daar op zijn zevenentwintigste aangenomen als een van de jongste chef-koks van Nederland, na een zware maar mooie opleidingstijd op de ouderwetse manier – eerst commis, toen saucier, entremetier, rotisseur, poissonier, gardemanger en patissier.

De witte tegeltjes en de grote pannen waarin geurige bouillons stonden te trekken, maakten grote indruk op mij. Toen ik het Promenade Hotel had gezien, en later die week ook de keuken van de schouwburg van Middelburg

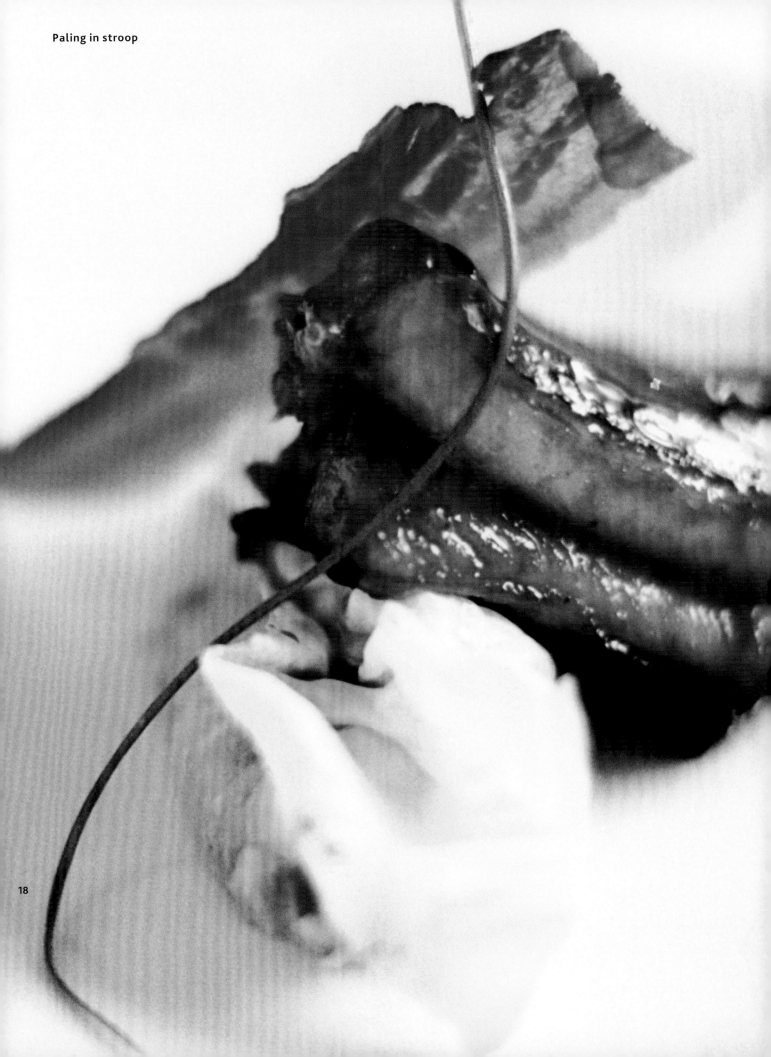

had bezocht, wist ik het zeker: ik zou kok worden!

Vanaf dat moment kon ik geen kookboek of artikel over koken meer laten liggen. Ik ging lezen over de legendarische Aguste Escoffier (1846-1935), over Henri Paul Pelleprat en Paul Bocuse. Ik wroette in tijdschriften als *Tip* en *Avenue* om er zeker van te zijn dat ik niets over het onderwerp zou missen.

En nog steeds vind ik alles wat er te lezen valt over koken, producten en restaurants fascinerend, want je blijft leren. En ook, of juist, de meest eenvoudige recepten en verhalen kunnen je inspireren.

OP SLEEPTOUW

Het buitenland had mij altijd al getrokken. Mijn eerste baan als kok kreeg ik in Oostenrijk, in Hotel Schönbergerhof in Schönberg. Daarna ben ik gaan varen bij de Koninklijke Marine. Twee jaar lang kreeg ik in de kombuis van de Van Speijk les van de geduldige marinekok Peter Poldervaart. Hij nam mij op sleeptouw en leerde me koken én bier drinken. Tijdens de reizen naar landen in Europa, de Cariben, de Verenigde Staten en Canada kreeg ik ook mijn eerste indrukken van de overzeese keuken. Ook deed ik veel ervaring op met de Indonesische rijsttafel, iets waarin de koks van de marine van oudsher gespecialiseerd waren en die uitzonderlijk goed was, hoewel niet echt traditioneel, leerde ik later.

Na mijn marinetijd ging ik aan de slag bij Leo van Mierlo van restaurant D'n Doedelaer in mijn geboorteplaats Heeze. Ik had daar in mijn middelbareschooltijd al als afwasser gewerkt en ervaring opgedaan als kelner. Nu mocht ik terugkomen als leerling-kok. Ik had een geweldig mooi jaar bij Leo. Hij liet me boeken zien van Michel Guerard, Roger Vergé, Louis Outhier, en andere beroemde koks van de Nieuwe Franse Keuken.

Leo bracht mij in contact met Gerard Fagel, op dat moment de grootste restaurateur van Nederland. Fagel werkte in zijn restaurant De Hoefslag in Bosch en Duin samen met chef-kok Wulf Engel. De uit Duitsland afkomstige Wulf Engel werd beschouwd als een goeroe van het koken. Het contact leidde ertoe dat ik als leerling-kok werd aangenomen bij De Hoefslag. Daar ging een wereld van luxe ingrediënten en moderne gerechten voor mij open. Wulf Engel had een zeer creatieve moderne kookstijl – maar wel op basis van de klassieke Franse keuken die hij had geleerd in de keuken van het Palace Hotel in Sankt Moritz. Hij had daar gekookt onder leiding van Eugène De France, een Franse kok die nog bij Escoffier in de leer was geweest.

JAPANSE INVLOEDEN

Ik begon me te verdiepen in de Japanse keuken, waar ik in boeken en artikelen al veel over had gelezen. Ik was geïntrigeerd door de strakke eenvoud van het Japanse koken, waarin versheid en zuiverheid tot een ware cultus zijn verheven. Ook de principes van Zen spraken mij aan. Het liefst wilde ik naar Japan om te leren koken maar dat was helaas te duur. Gerard Fagel regelde daarom een stage voor me bij het Yamazato Restaurant van het Okura Hotel. Hier liet chef-kok Akira Oshima (die wij natuurlijk altijd aanspraken als Oshima san) mij kennismaken met de geheimen van de 'Kaiseki' keuken. Wat een invloed heeft dat op mij gehad!

SPIJKER EN DIM SUM

Na De Hoefslag ging ik aan het werk in Hotel-Restaurant De Swaen in Oisterwijk waar chef-kok Cas Spijkers al furore had gemaakt. Hij werkte op een andere basis dan Wulf Engel, merkte ik al snel. Cas is een man met een enorme passie voor zijn métier, maar vooral ook voor de producten, die volgens hem principieel uit ons eigen land moesten komen. Dat zette mij aan het denken over de klassieke Franse regels van het koken. De klassieke keuken is gebaseerd op de Franse kookkunst. Ik had altijd gedacht dat dát het Europese topkoken was. Maar de ingewikkelde recepten, de met room en boter gevulde sauzen, de marinades en de uit Frankrijk geïmporteerde ingrediënten gingen me langzaamaan steeds meer beklemmen. Al die gerechten waren prachtig mooi, maar Cas Spijkers liet me zien dat je ook in eigen land kon blijven om iets fantastisch te creëren.

In de tijd dat ik bij De Swaen werkte, verdween mijn interesse voor de Aziatische keuken niet. Integendeel: ik was zo geïnspireerd door de Japanse keuken dat ik ook de authentieke Chinese keuken wilde leren kennen. In die tijd werd Nederland bezocht door beroemde Chinese topkoks; zij kwamen de chefs van Nederlandse Chinese restaurants bijscholen. Ik kreeg de kans om – in mijn vrije tijd – als eerste Nederlander die masterclasses te volgen. Daardoor kon ik me bekwamen – en de felbegeerde diploma's halen – in de vier Chinese kookstijlen: Leng Pan (koude gerechten), Dim Sum (gerechten met deegwaren), Shanghai/Cantonees en Szechuan (de twee regionale keukens). Ik nodigde mijn leermeester uit om ook eens te komen koken in de keuken van De Swaen, waarbij de hele brigade met open mond stond toe te kijken.

UIT EN THUIS

Nadat ik drie jaar in De Swaen had gewerkt, kwam het moment om mijn droom in vervulling te laten gaan: werken in een buitenlands toprestaurant. Op voorspraak van Wulf Engel werd ik aangenomen in het Zwitserse Palace Hotel in Montreux. Daar maakte ik weer op de klassieke Franse manier grote buffetten en banketten. Maar een jaartje Zwitserland vond ik wel genoeg. Er bleef nog één wens over, werken in een driesterrenrestaurant in Frankrijk. Als het even kon in de Moulin de Mougins, in Mougins bij Cannes, de *Cuisine du Soleil* van Roger Vergé. Ik solliciteerde en werd aangenomen. En zo vertrok ik per trein naar de Côte d'Azur. Ik heb er een jaar gewerkt en veel geleerd over de Provençaalse keuken. Hier ben ik uiteindelijk ook getrouwd, met Hetty.

Terug in Nederland werd ik chef-kok bij De Pettelaar in Den Bosch, totdat Wulf Engel in 1992 contact opnam. Hij had net Restaurant De Duinrand in het Brabantse Drunen gekocht en vroeg me om weer bij hem te komen werken, als chef-kok en assistent-bedrijfsleider. Mijn collega was Johan Busio. Hij had zijn opleiding gekregen van de klassieke kok Menno Huijbregts, die behalve de klassieke Franse keuken vooral ook het traditionele Nederlandse koken op zijn repertoire had staan.

ZUIVERHEID ALS HANDTEKENING

Vanaf die tijd ging ik steeds meer nadenken over mijn verschillende ervaringen: de oosterse invloeden, de klassieke uitgangspunten die ik van Wulf had geleerd, de banden met de natuur van de Provençaalse keuken en de voorliefde van Cas Spijkers voor Nederlandse producten. Bij De Duinrand groeide het besef dat je als chef-kok een eigen signatuur moet hebben, een 'handtekening' waaraan

men jouw gerechten herkent. Wat was *mijn* signatuur? Ik had zóveel gezien en geleerd, uit de hele wereld; wat was nou *mijn* keuken?

Mijn uitgangspunt was dat ik het niet simpelweg moest zoeken in een mengelmoes van al mijn lessen en ervaringen. Dat zou een ondoorgrondelijke *fusion* opleveren van allerlei kookstijlen. In plaats van een vreemde opeenhoping zou het juist een synthese moeten worden. Maar wat waren nu de gemeenschappelijke principes waar al die keukens hun kwaliteit aan ontleenden?

Volgens mij is er één gemeenschappelijk kwaliteitskenmerk, namelijk zuiverheid. Voor ons voedsel moeten we het hebben van de ons omringende natuur. En daar moet je voorzichtig, zuiver, mee omgaan. Daar mag je niet mee rotzooien. De natuur heeft alles te bieden wat je maar op je bord wilt zien: smaak, kleur, geur, gezondheid, verrassing. En als je het beste uit de natuur haalt, heeft dat weinig opsmuk nodig. Goede wijn behoeft geen krans. Houd het dus simpel. Maar zorg ervoor dat je wát je doet, perfect doet.

IN VIER STAPPEN NAAR ZUIVERHEID

Zuiverheid begint al bij het kiezen van je ingrediënten. Waar vind je de beste producten? Het was – en is – gebruikelijk dat toprestaurants hun groenten en luxeproducten betrekken van groothandelsondernemingen die vrijwel alles vanuit Parijs laten komen. Voor mij werd echter steeds duidelijker dat we het dichter bij huis moeten zoeken. Waarom moet je ook altijd een plons diesel van de vrachtwagen uit Frankrijk op je bord krijgen? Ik vond dat we ons moesten richten naar de producten die we in Nederland hebben, omdat die minstens van dezelfde kwaliteit zijn en vaak beter. De Franse en Oosterse koks wordt geleerd dat je 's ochtends vroeg naar de markt moet gaan om bij de plaatselijke boeren en vissers het beste van het beste uit te zoeken. Wat mij betreft liggen die markten in Brabant en Zeeland, niet in Rungis bij Parijs, het centrum van de Franse voedselhandel. *Houd het simpel; zoek het dichtbij!*

In de tweede plaats: de beste producten zijn per definitie ook de producten van dit moment. Elk seizoen heeft zijn eigen producten, en die zijn het beste als ze in hun eigen topperiode worden gegeten. De technologie heeft het mogelijk gemaakt om veel producten het hele jaar door te eten, maar de kwaliteit lijdt daar zeer onder. Het principe van zuiverheid geldt dus ook hier: *eet naar de seizoenen!*

In de derde plaats gaat het om het bereiden van je gerechten. De zuiverheid van je voedsel komt het best tot zijn recht door een minimale bereidingswijze, die de natuurlijke kwaliteit van de producten niet kapotmaakt, maar juist versterkt. Vooral de Japanse keuken heeft me dat geleerd. Dus: *kook zo dat je de natuur proeft!*

In de vierde plaats speelt de combinatie van ingrediënten een rol. De combinaties moeten elkaar ondersteunen in plaats van verdoezelen. Hier is de klassieke Franse keuken natuurlijk meesterlijk geweest, door op subtiele wijze alle smaken op het bord te accentueren. Met andere woorden: *elke hap moet een belevenis zijn!*

Het uitgangspunt van zuiverheid leidt er onherroepelijk toe dat je als kok in Nederland ook Nederlands moet koken. Maar dan (meestal) niet zoals we dat in ons land gewend zijn. Immers, in de loop der jaren hebben wij in de Nederlandse keuken heel veel aan zuiverheid, seizoensgerichtheid, natuurlijkheid, en accentuering ingeboet. Ik wil een Nederlandse keuken volgens mijn eigen, nieuwe principes.

HET LOGISCHE GEVOLG…

Vervolgens ging ik op zoek naar Nederlandse kookboeken die mijn uitgangspunten zouden ondersteunen. Want Nederlandse producten vragen uiteraard om Nederlandse recepten. Mijn boekenkast barstte bijna uit zijn voegen van alle Franse, Engelse, Japanse, Chinese, Italiaanse kookboeken en boeken van nog verder weg. Maar helaas stond er niets tussen over een nieuwe, zuivere, Nederlandse keuken. Natuurlijk, er zijn tal van goede Nederlandse kookboeken, waarin ook heel zuivere gerechten te vinden zijn. Er komen er zelfs steeds meer, want mijn gedachten over koken staan natuurlijk niet op zichzelf. Er wordt ook door anderen in dezelfde richting over koken gedacht. Toch kwam ik tot de conclusie dat er weinig Nederlandse kookboeken te vinden zijn waarin mijn principes strak worden nageleefd. Dus zat er voor mij maar één ding op…

De Nederlandse Keuken

WAT IS DE NEDERLANDSE KEUKEN?

Om dat te achterhalen moeten we even terug naar de aardrijkskundeklas.

Nederland is een rivierendelta met vruchtbare, vochtige klei- en zand- gronden. Het land kent een gematigd klimaat, met vier duidelijke, zachte seizoenen. Op het land groeien talrijke gewassen, elk met een specifieke oogsttijd. Wij Nederlanders hebben ons dan ook altijd kunnen voeden met graansoorten als haver, gerst, rogge en boekweit. We konden beschikken over volop peulvruchten, bladgroenten en knolgewassen (later ook aardappelen), over bloem- en bladkolen, aangevuld met kruiden, harde noten en fruit- soorten als appels, peren en bessen.

In Nederland deden wilde dieren als konijnen, reeën, hazen, zwijnen, bos- en watervogels het van nature prima. Het vele water bracht ons volop zoet- en zoutwatervis. Runderen en schapen hadden het goed in Nederland, dankzij het vele gras op de rivieroevers. Vet kregen we van boter en spek. We dronken melk, karnemelk en bier.

Om de natuurlijke seizoenen te verruimen, bedachten we conserveertechnieken als drogen, zouten, suikeren en inleggen in zuur. Denk bijvoorbeeld aan stokvis, hammen en worsten, jam, haring, uitjes, rolpens, enzovoort.

Omdat er altijd veel en hard moest worden gewerkt voor de kost, namen Nederlanders van oudsher weinig tijd om verfijnd te koken. Vanaf het prille begin werd ons voedsel doorgaans makkelijker eetbaar gemaakt door het in één pot te koken of te smoren in water met wat vet. Stoofpotten en brijen waren onze allereerste hoofdgerechten (onze traditionele erwtensoep is daar nog een overblijfsel van). Ze waren een beetje een allegaartje en werden door het lange koken flauw van smaak, zodat we ze met veel zout en suiker genietbaar moesten maken.

Toch kenden we wel degelijk smaakvariatie. Als we er de tijd voor namen, proefden we de uitgesproken en rijk gevarieerde smaken van bijvoorbeeld aardbeien, peren, asperges, walnoten, hazenbout, zwezerik, kaas, paling, kropsla, maar ook van bramen, houtduif, sperziebonen, leverpastei, spruiten, rodekool, bietjes, verse erwten en boterkoek. We waren verzot op de exotische specerijen die onze zeevaarders uit verre oorden meebrachten.

Ik noem een aantal ouderwetse Nederlandse gerechten waar we trots op moeten zijn: zoute haring; erwtensoep; drie-in-de-pan; hutspot; balkenbrij; zult; worstenbroodjes; rolpens; hazenpeper; zuurkool; speculaas; boterkoek; Haagse hopjes; advocaat; saucijzenbroodjes; rookworst; lekkerbekjes en kibbeling; bloedworst; boerenkool met spek; bruine bonen; 'Captain's Dinner' (of 'Zeeuwse rijsttafel', zoals we dit bij de marine noemden) en andere gerechten met kapucijners; pannenkoeken met spek en stroop; poffertjes; stroopwafels; Limburgse vlaaien; hachee; oliebollen; puddingbroodjes; blinde vinken en slavinken. Maar natuurlijk ook andijviestamppot met een gehaktbal en jus; rodekool; Brabantse tomatensoep; Prol (maaltijdsoep), enzovoort.

Hoezo, geen culinaire cultuur?!

Die enorme rijkdom aan ingrediënten en smaken van de vers geoogste producten van ons land – in hun oorspronkelijke staat, en gegeten in de seizoenen waarin ze van nature eetbaar zijn – die koester ik als de basis van de Nederlandse Keuken.

28

De Nieuwe Nederlandse Keuken zou voor elke zichzelf respecterende kok een vast inspiratiepunt kunnen zijn, als je in Nederland bent geboren, bent opgegroeid met de Nederlandse cultuur en als je in Nederland kookt!

Ik maak maar weinig mee dat de Nederlandse koks, gastheren/-vrouwen of restaurateurs Nederland serieus nemen als culinaire basis. We zijn gewoon niet trots op onze eigen cultuur! Wel op de 'grote' Franse cultuur, de Spaanse en Italiaanse kookstijlen, enzovoort.

Veel chefs geven hun stijl van koken aan als mediterraan of Italiaans. Die is er zeker op vakantie geweest, denk ik dan, of misschien beter: hij of zij heeft vast in Zuid-Frankrijk, Italië of Spanje gewerkt.

Dat is dan op zich nog geen reden om deze kookstijl te kiezen, maar één ding is zeker: alles is beter dan zeggen dat je stijl van koken Nederlands is.

Natuurlijk, ik heb ook in Zuid-Frankrijk gewerkt. Ik kwam terug als chef en ging Provençaals koken, want daar hield ik van, ik was verliefd op de Provence en wilde dat in mijn kookstijl uiten. Met olijfolie, tomaten, basilicum en veel verse groenten. Maar al snel kwam ik erachter dat de keuken die ik bij Roger Vergé had leren kennen in Nederland anders smaakte dan daar in het zonnige zuiden.

Als onze bekende Hollandse tomaten, aubergines, courgettes – of een van die andere kasgroenten – in de recepten werden gebruikt, smaakten ze beslist niet zoals ik dat gewend was aan de Côte. En als ze buiten het seizoen werden verwerkt, leek het helemaal nergens op.

En nog steeds staat elke Nederlandse menukaart, ook in de winter, vol met tomaat, basilicum, zomergroenten, vissen die op dat moment kuit aan het schieten zijn, enzovoort. Feitelijk getuigt het van creatieve armoede.

Alleen als je bewust bezig bent met de beste kwaliteit producten, iets waar het mijns inziens iedere kok om zou moeten gaan, lukt het je de seizoenen na te leven en daaruit het beste te selecteren. Alleen dan lukt het al je creativiteit te leggen in de seizoensproducten, ook al lijken die aanvankelijk erg saai. Maar smaak is nooit saai!

Daar begint dus de Nieuwe Nederlandse Keuken.

Wat is er nu zo 'nieuw' aan de Nieuwe Nederlandse Keuken? Dat is heel simpel: de bereidingswijzen zijn nieuw. We leven in een technologisch hoogontwikkelde samenleving. Dankzij alle moderne media is de wereld een dorp geworden. We hebben kook- en verrijkingstechnieken leren kennen uit alle delen van de wereld. Daar kunnen we met onze Nederlandse producten iets mee doen.

We blijven de Nederlandse bereidingswijzen aanhouden, mits ze de oorspronkelijke smaken van onze producten ten goede komen. Drogen en zouten zullen we alleen doen, als de smaak daardoor een extra dimensie krijgt, zonder de smaak van het verse product te overheersen. Immers, om te conserveren hoeven we niet meer te drogen, pekelen of in te leggen in zuur. We kunnen voedsel invriezen.

Daarmee kunnen we de smaakverwoesting die het conserveren met zich meebrengt achterwege laten. Vergeet echter niet dat een extra smaakaccent door zon, zout of zuur ook een verrijking kan zijn.

Internationale bereidingswijzen brengen buitenlandse kookingrediënten met zich mee die interessant zijn, omdat ze gezonder zijn of omdat ze de oorspronkelijke smaak van de Nederlandse producten beter tot hun recht laten komen (zoals met olijfolie).

Dat wil niet zeggen dat van nu af aan alle gerechten van de Nieuwe Nederlandse Keuken naar olijfolie moeten smaken. Nederland is van oudsher een boterland en sommige gerechten smaken authentieker als je ze met boter bereidt.

De smaak van olijfolie werkt daarom 's zomers het beste in combinatie met andere mediterrane ingrediënten. Wel is het daarbij van belang dat de Nederlandse producten en cultuur duidelijk naar voren komen, in plaats van dat een Spaanse, Zuid-Franse of Italiaanse stijl de smaak bepaalt.

Net zo zijn we in de Nieuwe Nederlandse Keuken blij met uitheemse ingrediënten als sojasaus, wijn, truffel, rijst, citroen, kappertjes, vanille, gember, amandel, enzovoort. Ze kunnen veel toevoegen aan de typisch Nederlandse smaken van onze verse groenten en fruit en van onze inheemse vlees- en vissoorten.

Toch horen niet alle hedendaagse kook- en smaakmogelijkheden thuis in de Nieuwe Nederlandse Keuken. De Nieuwe Nederlandse Keuken is in mijn ogen namelijk ook een milieubewuste keuken. Ingrediënten die alleen maar met hulp van fossiele brandstoffen geteeld of verworven kunnen worden, mijd ik. Dus geen tomaten uit gasgestookte kassen, geen Afrikaanse boontjes die moeten worden ingevlogen, geen Italiaanse ham waarvoor Nederlandse varkens dwars door Europa naar Italië worden gereden, en geen verse aardbeien in de winter.

Daarbij zal trouwens blijken dat er nog genoeg te proeven overblijft. Want nogmaals: Nederland is een rijk land, een land van overvloed. Misschien dat we er daarom in het verleden vaak zo nonchalant mee zijn omgegaan. Wij hebben ons voedsel nooit zo hoeven koesteren als de Italianen in hun droge en hete land, die een rijpe tomaat echt liefhebben. In ons land is er altijd

eten genoeg geweest, dus gooiden we het allemaal maar in een pot en lieten het gaar stoven. In de Nieuwe Nederlandse Keuken gaan we weer van onze producten genieten en richten we ons naar de seizoenen. Dat levert ons een rijke, smaakvolle, gezonde en zeer gevarieerde keuken op.

Producten van de koude grond, of uit het water en de lucht, in onze eigen omgeving en in het seizoen. Dus geen gekweekte vis- en wildsoorten, maar biologische kwaliteit vlees en gevogelte.

En hoe beter producten in het seizoen passen, des te beter is de kwaliteit, keuze en prijs van de producten.

Een nieuwe menukaart begint met het uitzoeken van deze producten. Daarna ga je terug in de tijd en probeer je ouderwetse geuren, smaken en recepten te combineren met je eigen creativiteit en ervaring, maar daarnaast – let op! – met nieuwe invloeden vanuit de hele wereld, want ook dat is kenmerkend voor de Nieuwe Nederlandse Keuken!

Deze invloeden mogen we (moeten we) gebruiken om ouderwetse recepten en smaken te vernieuwen, te verbeteren en daardoor modern te maken.

We kunnen tegenwoordig 'online' een kijkje nemen in de keuken van Ferran Adriá, Alain Ducasse, Marc Veyrat, Michel Bras of Nobu. Het is heerlijk om aan de hand van dit soort inspiratie je eigen cultuur te verbeteren. Toch moet altijd je eigen cultuur boven alles te proeven zijn. Dat is de Nieuwe Nederlandse Keuken.

Bestelling 4

Tafel:120

GANG 1

1 BRUINE BONENSOEP

dinsdag 21 maart 2006
1 Camille Seebregts

Wat eten we vandaag?

Het is wel de meest gestelde vraag van de dag, denk ik: wat eten we vandaag? Dat geeft al aan dat het een erg belangrijke vraag is en dat we allemaal uitkijken naar de hoofdmaaltijd van de dag. Ik moet bekennen dat ik zelf elke dag wakker word met deze vraag in mijn hoofd.

Als degene die vandaag de maaltijd bereidt – hetzij als professionele kok, leerling-kok of hobbykok – stel je jezelf deze vraag. En als je er niet uitkomt, vraag je het aan iemand die het hopelijk wel weet.

Dit boek is onder meer gemaakt om op deze vraag een antwoord te geven. Want ook ik krijg dit probleem voorgeschoteld, en veel professionele koks met mij, zeker tijdens de feestdagen, met als hoogtepunt natuurlijk Kerstmis – een tijd om gezellig met de familie bij elkaar te zijn onder het genot van een heerlijk maal.

Voor velen is een feestmaal koken al een feest op zich, maar voor anderen komt het neer op stress, stress en nog eens stress. Toch kan koken, bezig zijn in de keuken, ook een heerlijke ontspanning zijn.

Het allerbelangrijkste is dat je juist op deze feestdagen, of als er vrienden komen, iets bereidt wat je goed kunt koken, iets wat je specialiteit is. Want als je het goed kunt bereiden, is ook het meest eenvoudige gerecht met de beste, eenvoudige ingrediënten voor je gasten, en vooral ook voor jou, een waar feest!

Tijdens de feestdagen wordt ons door industrie, detailhandel en culinaire bladen gedicteerd wat we moeten eten, omdat dat traditie is. Dat heeft tot gevolg dat we met Pasen asperges moeten eten, zelfs al is het seizoen dan nog niet begonnen, gewoon omdat het nog té koud is. De producent máákt er een seizoensproduct van om geen omzet te missen. Hij verbouwt asperges in verwarmde kassen of verwarmt de grond door middel van buizen warm stromend water.

De keuze wat we vandaag eten, moet echter worden bepaald door de natuur en niet door de verwende consument! Kijk om je heen, bezoek de markt en praat met je winkeliers. Laat je inspireren door de vakmensen die precies weten wat het beste is en vertrouw op je eigen kunnen. In een later hoofdstuk kom ik terug op boodschappen doen.

Eenvoudig koken is de basis van een goede keuken.

Omdat dit een kookboek is, zal ik niet bij elk product uitgebreid ingaan op de achtergrond, kwaliteit en het seizoen. Wat ik er wél over wil zeggen, is het volgende: alles, of bijna alles, in de keuken draait om de producten. Producten zijn de ingrediënten van onze recepten en de bouwstenen van het koken. De techniek waarmee je kookt, is de afronding.

40

Omdat de basis van koken mede wordt bepaald door de kwaliteit van de ingrediënten, is een goede kennis van de producten waarmee je kookt van belang voor de kwaliteit van het gerecht.

Daarom moet je niet alleen tijd besteden aan koken, maar ook, of juist, aan de kennis van die ingrediënten. Dat leert je respect te hebben voor alles waar je mee kookt en geeft je een beter besef van wat koken is.

Om inzicht te krijgen in groenten en kruiden, zou het goed zijn je eigen groenten- en kruidentuin te hebben. Dan kun je zien wat er gebeurt in de

natuur en kun je het verschil met industriële producten goed proeven. Bij vlees is het ras – en vooral de voeding – van groot belang voor de smaak en structuur, maar in Nederland praten we vooral over één ding: hoe mals het vlees is! Termen als 'botermals' en 'om te zuigen' zijn belangrijker dan structuur en smaak!

Vet is de smaakoverbrenger. Juist dat vet is belangrijk om een mooi stuk vlees bij het braden sappig te houden. Mager vlees heeft dan ook minder smaak. Als je beducht bent voor je gezondheid, kun je beter een kleinere hoeveelheid vlees met voldoende vet eten, dan mager en veel. Een mens heeft niet meer nodig dan 100 gram rauw vlees per dag.

Vis wordt een steeds moeilijker product. Als gevolg van de visquota's en de vraag van de consument is het kweken van vis belangrijker geworden en is de kwaliteit teruggelopen.

Doordat de verwende consument niet luistert naar de natuur, maar blijft vragen om wat hij of zij wilt, wordt de industrie gestimuleerd om te blijven voldoen aan de vraag. Laten we in plaats daarvan met vis hetzelfde doen als met groenten: eten wat de natuur brengt. Dat betekent dat we geen vis eten die kuit aan het schieten is – en daarmee dus een visfabriek op zich is – maar liever in alle eenvoud een creatief gerecht maken met een in het seizoen voorradige vissoort uit de Noordzee of uit de rivieren. Dat is top! Ingevroren vis uit grote schepen die drie weken op zee blijven, wordt verkocht als vers. Kies in plaats daarvan voor dagverse vis. Luister weer naar de vakman op de markt, kijk naar de verse vis en koop deze! Heerlijk: makreel, rode poon, wijting en verse anjovis.

Nederland is een bijzonder vruchtbaar land!

De groente- en kruidentuin

We wonen in een rivierendelta die een uitermate groeizaam klimaat en een zeer vruchtbare bodem heeft. Gooi ergens in dit land een hoop zand neer en je zult zien: een half jaar later is hij helemaal begroeid met talrijke kruiden en wilde grassen. Nederland is dus ook bij uitstek een land waar iedereen met een tuin of balkon zijn eigen etenswaren kan telen. Groenten, fruit en kruiden waar je je ziel en zaligheid in kunt leggen en die je zo vers kunt eten als je het anders nooit kunt krijgen. Geen enkele Nederlandse kok zal het dan ook kunnen weerstaan: een eigen groente- en kruidentuin.

Iedere goede kok weet hoe belangrijk de kwaliteit van de producten is voor de kwaliteit van het gerecht. Meestal ben je daarvoor afhankelijk van goede en vertrouwde leveranciers. Maar in sommige gevallen vertrouw je alleen op je eigen kennis en kunde en maak je een grondstof of halffabrikaat helemaal zelf. Zeker als je iets wil gebruiken wat helemaal uniek is: een eigen specialiteit die je niet door een ander kúnt laten maken.

Dat geldt ook voor de eigen groente- en kruidentuin. Natuurlijk, je kunt overal een krop sla kopen. Maar het is onmogelijk om bij de groenteboer of de supermarkt naar binnen te lopen, met een mes de nog groeiende, sprankelverse sla vlak boven de grond af te snijden, om die nog "melk" loslatende krop vijf minuten later in je gemengde salade op tafel voor consumptie te hebben. Zo'n verse krop sla – en echt, dát proef je – krijg je alleen uit je eigen kooktuin. En wat voor sla opgaat, geldt ook voor erwtjes, prei, boontjes, aardbeien, peterselie, bieslook of basilicum. Het zijn allemaal producten die je gemakkelijk zelf kunt telen.

Ook zijn er producten te koop waarvan je de kwaliteit niet meer helemaal kunt vertrouwen. Neem nu tomaten. Tomaten zijn een industrieel massaproduct geworden. Ze staan niet meer in de volle grond en krijgen kunstlicht in plaats van zonlicht. Het eindresultaat is vaak allerbelabberdst: er zit kraak noch smaak aan zo'n rode waterbom. Soms maakt de agro-industrie wel betere tomaten, maar je weet niet wat daar voor kunstgrepen bij zijn toegepast. Kweek daarom je eigen tomaten; dan weet je precies hoe ze gegroeid zijn. Ze worden ongetwijfeld minder groot, minder rood, minder rond en minder overvloedig, maar ze smáken. Vooral omdat het jóuw tomaten zijn.

De kooktuin verdelen we in een stukje groentetuin in de volle grond, een stukje kruidentuin in de volle grond en een stukje voor potplanten. Veel gewassen doen het nu eenmaal beter in potten, vooral omdat je hierbij de kwaliteit van de aarde en de watergift beter in de hand hebt.

In plaats van drie duidelijk afgezonderde stukken tuin kun je op een klein perceeltje ook diverse plekjes en hoekjes maken, afgezoomd door kistplanken, stenen randen, ronde stoepbandjes, of zelfs oude autobanden.

Voor de groentetuin in de volle grond ruimen we een stukje tuin in van minimaal 25 m2, waar minstens de helft van dag zon op valt. Volgens de regels van de tuinierskunst wordt de grond aan het eind van elke winter flink bemest met (gedroogde) koemest, compost en turfmolm. Er ontstaat dan een rijke teelaarde waar onze gewassen goed op zullen gedijen.

Op deze 25 m² zetten we bijvoorbeeld de volgende gewassen:

- drie rijtjes slaplanten (kropsla, eikenbladsla of veldsla)
- een rij doperwten en peultjes (die tegen een rechtopstaand gaaswerk van 2 meter hoogte op moeten klimmen)
- een rij boontjes (die moeten klimmen langs schuin tegen elkaar staande bonenstaken)
- een rij prei
- een rij winterwortelen
- een rij uien
- een rij bieten
- een rij komkommers/augurk
- een rij spinazie

De jonge plantjes kun je vanaf maart in een verwarmde ruimte achter glas zaaien en opkweken. Je koopt ze bij een tuiniersbedrijf of tuincentrum.

De vollegrond-kruidentuin vergt een stuk grond van minimaal 4 m2. In tegenstelling tot de groentetuin bemesten we de aarde op dit gedeelte niet. Kruiden houden namelijk van schrale grond. Wel moeten we elke winter kalk strooien om de verzuring van de grond door het regenwater tegen te gaan. Wat turfmolm om het water vast te houden of wat ruwe compost voor de grondstructuur kan weinig kwaad. In de kruidentuin, of eventueel in de groentetuin, kunnen we ook wat laag blijvende bessenstruiken kwijt. Om dit geheel af te scheiden van de rest van de tuin kun je gebruikmaken van planken die je op de hoeken met paaltjes in de grond vastzet, van betonrandjes, stenen of lage buxushaagjes. In de vollegrond-kruidentuin zetten we een aantal meerjarige gewassen, zoals: bieslook, dragon, venkel, lavas, citroenmelisse, peterselie, selderij, munt en enkele wintergroene kruiden, bijvoorbeeld laurier, salie, tijm en rozemarijn.

Het eenjarige spul – bijvoorbeeld dille, kervel, koriander, basilicum en bonenkruid – kan in de volle grond maar doet het ook prima in potten. Een keuken-muurtje met daaronder rijen bloempotten met geurige verse kruiden is natuurlijk helemaal je van het. Nog mooier zijn een paar bloembakken vol kruiden onder een keukenraam.

Ook tomaten zetten we in grote potten. De tomaat is een lastig en kwetsbaar gewas. Hij heeft veel zon en warmte nodig en een rijk bemeste luchtige grond. Koop maar gewoon de beste potgrond. Zet de potten voor de warmte tegen een muur op het zuiden, het liefst onder een afdakje of een overhangende dakrand. Tijdens koude zomer-nachten straalt de door de zon beschenen muur warmte af op de planten. Verder hebben ze veel water nodig, maar niet op het blad of op de vruchten; vandaar het afdakje. Netjes in de pot gieten dus: véél water. De planten moeten goed gestut worden met een raamwerkje van bamboe en beschermd tegen omwaaien. Tomaten doen het uiteraard ook goed in een serre of een kas.

Neem wat trostomaten, kerstomaten en, als je er een echt warme plek voor hebt, Italiaanse pomodori. Tomaten worden geplukt als ze helemaal rood zijn en gemakkelijk van de steel loslaten. Daarna kunnen ze nog een paar dagen op de vensterbank in de zon doorrijpen. Ze worden dan roder en smakelijker, maar ook zachter. Wat aan het eind van de zomer nog aan de planten hangt en nog niet rood is gebruiken we voor de chutney en andere tafelzuren. Hebben we 's zomers meer tomaten dan we kunnen eten, dan drogen we ze in de oven en maken ze in olie in.

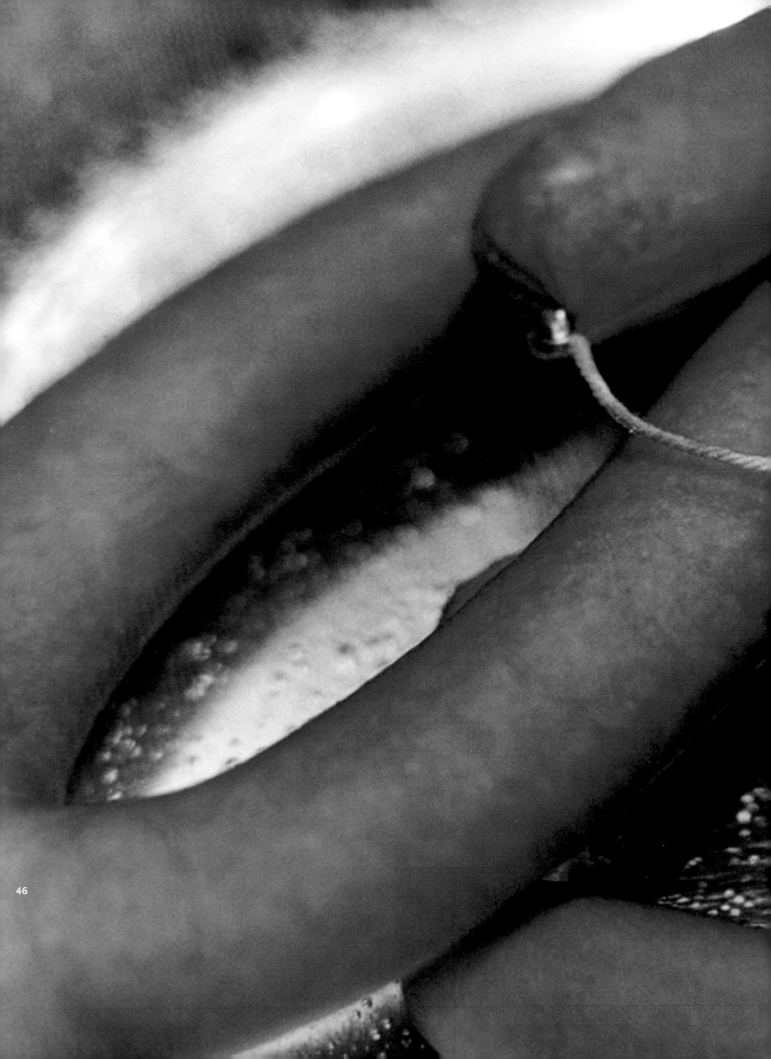

'Eigenlijk is het heel eenvoudig. Elk land heeft zijn eigen tradities en afleidingen, maar die zijn we een beetje vergeten. Ik ben trots op wat we aan Nederlandse producten hebben. Dat is vroeger thuis al met de paplepel ingegeven. Er werd toen gekookt met ingrediënten van eigen bodem of liever gezegd uit de moestuin van mijn opa.
Voor mij zijn Nederlandse ingrediënten de inspiratiebron bij het maken van nieuwe gerechten. Ik breng ze met oude en nieuwe bereidingswijzen en technieken samen, in een eigentijds product.' Dick Middelweerd, Treeswijkhoeve, Waalre

'Nog steeds ben ik ervan overtuigd dat topchef zijn geen roeping is, maar een verfijning van je persoonlijke talenten op culinair gebied. Dit proces van verfijning neemt jaren in beslag en houdt nooit op. Uitgangpunt van dit proces is de visie van de kok op dit mooie ambacht.'

Erik van Loo, Parkheuvel, Rotterdam

Het beste is om niet van te voren een boodschappenlijstje te maken! Ga gewoon naar de markt om te kijken welke producten er nú zijn, van het land en uit het water. Laat je verrassen! Kies uit wat je gaat eten. Pas daarna stel je het menu samen.

Waar kun je het best je ingrediënten kopen? Het belangrijkste is dat je een goede relatie opbouwt met je leverancier. Dat kan door naar die persoon te luisteren en gebruik te maken van zijn of haar vakkennis. Dat betekent ook dat een handelaar die niet weet wat hij verkoopt onze klandizie niet waard is. Veel supermarkten vallen om die reden af, al liggen er nog zulke interessante producten. Er is helaas niemand die je kan vertellen wanneer het product geoogst is, wat voor rund het vlees heeft geleverd, hoe je het moet klaarmaken, en zo meer.

Kies leveranciers met liefde voor en kennis van hun product. Ik heb goede ervaringen met een biologische markt in Den Bosch. De mensen weten veel over de producten, er zijn groenten van het seizoen en alles is vers.

Alleen is het etiket 'biologisch' wat mij betreft niet zaligmakend. Want wat is er zo goed aan biologisch als het met een vrachtwagen uit Spanje of Frankrijk gehaald moet worden? Of, nog erger, als het met een vliegtuig wordt ingevlogen, met alle milieuschade door de brandstof en afvalstoffen van dien?! Daarom praat ik liever over de Natuurlijke Keuken, een keuken die de natuur respecteert.

Eigenlijk zou het mij niets uit moeten maken met wélke groenten, vis, vlees of andere producten ik het menu samenstel, zolang het maar de allerbeste producten zijn die ik kan vinden, uit mijn eigen land of streek. Dat wil natuurlijk zeggen: groenten van de koude grond, diervriendelijke producten en vis uit de Noordzee in plaats van gekweekte vis.

Als we deze producten combineren met vakmanschap, creativiteit en de Nederlandse cultuur, krijgen we altijd het allerbeste wat we in eigen land op tafel kunnen zetten.

Het wordt overigens voor elke leverancier moeilijk om zijn vakkennis uit te dragen, als je met een recept of boodschappenlijstje de winkel in komt en alles wat erop staat wilt hebben. Meestal is het veel interessanter om aan de groenteboer te vragen: 'Wat heb je vandaag vers en wat komt er van de Nederlandse koude grond? Wat is je mooiste groente van het seizoen?' De goede groenteboer weet dan meteen dat je geïnteresseerd bent en dat je de beste waar wilt hebben.

Doordat er zoveel recepten in omloop zijn, proberen groentewinkels het hele jaar door alles in huis te hebben. Daardoor raakt soms een beetje het contact met de seizoenen verloren. De groenteboer is er trots op dat hij het hele jaar door alles te koop heeft. Maar de echt gepassioneerde groenteboer is ook een natuurman. Hij wordt juist enthousiast als je vraagt naar wat er op dát moment van het land komt. Hij zal zelf ook meer genieten van een prachtige verse kropsla in de zomer dan van een bakje armzalige peultjes of aardbeien in de winter.

Het leuke is ook dat het mooiste in de groentewinkel nooit het duurste is. Want als je naar de seizoenen eet – en dus de meest verse producten koopt – heb je ook altijd wat er volop is wat daardoor ook voordelig is. Vaak is het de aanbieding van de week. Altijd nemen, want het ligt nooit lang in de winkel. Vandaar ook mijn voorkeur voor de markt. Daar wordt in hoofdzaak het snelle actuele product verkocht onder het motto 'Alles moet weg!' De marktkoopman heeft geen koelvitrine; hij wil 's ochtends verse waar hebben en 's middags los zijn.

Juist door al die exotische en extravagante recepten krijg je ingrediënten die van verre ingevlogen zijn, die met veel aardgas en kunstlicht zijn opgekweekt of die al lang op de plank liggen omdat ze zo duur zijn. Wat hier niet thuis hoort en wat niet in het seizoen past, is als regel én duurder én van mindere kwaliteit dan wat net op dat moment van de koude grond komt.

Bij groente is de belangrijkste test dat het fris, krakend is. Of het nu gaat om spinazie, sla, sperziebonen, witlof, spruitjes of worteltjes: het mag nooit buigen, het moet knákken. Als je groenten doorbreekt, moet er nog sap uit komen. Je kunt natuurlijk niet alles in je handen nemen, maar vraag het aan je groenteboer of je er even aan mag zitten.

Bij de slager merk je natuurlijk minder van het seizoen. Kalfs- en lamsvlees zijn gevoelsmatig meer van het voorjaar, maar dieren worden het hele jaar door geslacht. Het grote gevaar van de moderne slagerij is de diepvries. Vroeger werd vlees aan een haak gehangen om te besterven, waarbij eiwitten werden omgezet in suikers.

Maar het vlees droogt dan tegelijkertijd en dat kost de slager geld want het gewicht wordt lager. Daarom wordt vlees bijna altijd te snel ingevroren of in plastic vacuümgetrokken. Vacuümopslag resulteert uiteindelijk in een vieze geur, doordat het sap in het met plastic geïsoleerde vlees muf wordt. In de diepvries ontstaat weer andere schade. Door invriezen en ontdooien worden celwanden gekraakt, zodat het sap niet meer in de cel gevangen blijft, maar loskomt. Bevroren en ontdooid vlees is nat en glimt van het vocht. Vers vlees heeft een droog oppervlak. In de pan zal het veel minder spatten, doordat er minder vocht uit loopt. En dus is het vlees op het bord sappiger. Mijd ook het gemarineerde vlees dat je steeds meer in de slagerij ziet. Daarvan kun je de kwaliteit helemaal niet meer beoordelen. Je loopt het risico is de marinade in feite camouflage is.

Diepgevroren vlees krijgt iets meer een leversmaak dan vers vlees. Bovendien zal je jus wateriger zijn. Als je echt pech hebt en een stuk zwaar beschadigd vlees krijgt, loopt er zoveel vocht uit dat het vlees niet meer braadt maar stooft. Het resultaat is een droge lap: het sap zit niet meer in de cellen en wordt ook nog eens los gekookt, doordat er te veel water in het vet valt. Leg daarnaast een echte verse karbonade en het verschil is enorm.

Een probleem voor Nederlandse slagerijen is dat er te veel biefstuk en andere magere lapjes, varkenshaasjes, haaskarbonades, hamlapjes, filetlapjes, enzovoort worden gevraagd. De consument is bang voor vet en vraagt om mager vlees, waar – zoals eerder gesteld – ook weinig smaak aan zit, aangezien vet de smaakdrager is in vlees. Vraag aan je slager liever een niet te ver schoongemaakt en dus doorregen stuk vlees. Eventueel een groot vlees dat je zelf in plakken kunt snijden, met alles erop en eraan. De goede ambachtelijke slager zal dat herkennen als een vraag naar smaak.

Ook bij een slager geldt: neem wat in de aanbieding is, want dat is vaak het meest vers. Vroeger was het woensdag gehaktdag, en reken maar dat dat gehakt die dag niet lang in de bak lag! De slager kon het niet aangedraaid krijgen en dus was op woensdag het gehakt echt vers.

Vis is het allergevaarlijkste product om te kopen. Hier geldt eigenlijk maar één advies: vraag de visboer: 'Wat heb je vandaag vers?' Als je relatie met de winkelier goed is, dan gééft hij jou zijn meest verse product. En als je je neus niet optrekt voor prima Nederlandse vissen als schelvis, poon, koolvis of makreel – mits dagvers – zal je visboer blij zijn met jou als klant.

Als je de boodschappen hebt

Menu samenstellen

gedaan, als je bijvoorbeeld naar de

markt bent geweest en alle

seizoensproducten in de tas zitten,

begint het koken al.

Pak pen en papier en schrijf op wat je allemaal gekocht hebt. Maak aparte rijtjes van de groenten, de vissen, het vlees en/of gevogelte en de overige producten, zoals zuivel, mooi brood of de specialiteiten van kleine producenten.

Als je dit allemaal hebt, begin je te bedenken waar je alles voor wilt gebruiken. Is het voor de hele week of komen er speciale vrienden eten? Met andere woorden voor welk soort gelegenheid ga je koken?

Heb je speciale wijnen die je wilt serveren, denk dan aan welke smaakprofielen die hebben (zie hiervoor de boeken van Peter Klosse over Smaak). Als je dat weet, kun je de smaken afstemmen op de gerechten. In de Nieuwe Nederlandse Keuken stem ik de gerechten op elkaar af door de groenten de hoofdrol te geven: 80 procent groenten op 20 procent vlees en vis. Hiermee zet ik de gezondheid niet alleen voorop maar kan ik prijstechnisch ook betere of biologische producten kiezen zonder daardoor mijn budget te verhogen. Bovendien geloof ik dat er minder vlees en vis gegeten wordt als we ons hier met z'n allen bewuster van zouden zijn. Dan zouden we de duurzame voedings-industrie helpen duurzaam te blijven voortbestaan.

Gebruik verschillende technieken voor de groenten. Rooster bijvoorbeeld heerlijke courgettes, paprika's en uien op de barbecue. Wissel dit af met gestoomde sla en gefrituur-de boontjes, in combinatie met zelfgemaakte tomatenketchup. Of maak een schnitzel van aubergine met een stroop van sojasaus en Noordzeekrab.

Opbouwend van lichte naar meer geprononceerde smaken en van koud naar warm stel je een menu samen, om toe te werken naar een eenvoudig in z'n geheel op het bot of in de karkas gebraden stuk vlees of gevogelte.

Als toetje kies je dan natuurlijk het beste fruit van het seizoen in een mooie combinatie met sorbetijs of vanillevla.

Lekker eten en toch gezond zijn en blijven. Door mijn medewerking aan het televisieprogramma Big Diet in 2000 en 2001 ben ik zeer intensief bezig geweest met gezonde voeding. Door alle creativiteit op dit gebied in te zetten, kun je een heerlijke keuken voeren zonder je bewust te zijn van een dieet. De basis van een gezond menu bestaat kortweg uit 80 procent groenten en 20 procent vlees en/of vis

Een goed menu bestaat uit: Voor vrouwen 1200 kcal per dag; Voor mannen 1500 kcal per dag. (Mannen hebben namelijk een snellere stofwisseling.)

GEZOND ETEN

Per dag houdt dat in:

Product	Vrouwen	Mannen
Brood	4 sneeën	5 sneeën
Aardappelen	150 gram	250 gram
Groenten	200 gram	200 gram
Fruit	2 stuks	2 stuks
Melkproducten	3 deciliter	4,5 deciliter
Vlees/vis	100 gram (rauw gewogen)	100 gram (rauw gewogen)
Vet	3 eetlepels olijfolie	3 eetlepels olijfolie
Vocht	1,5 liter water	1,5 liter water
Alcohol	1 à 2 glazen wijn	1 à 3 glazen wijn

Daarnaast is het belangrijk om voldoende te bewegen. Niet de gewone dagelijkse beweging maar minstens een kwartier intensief sporten. Gezond zijn en op gewicht blijven is geen incidentele situatie, maar een continu proces waar je jezelf lekker (fit) bij voelt.

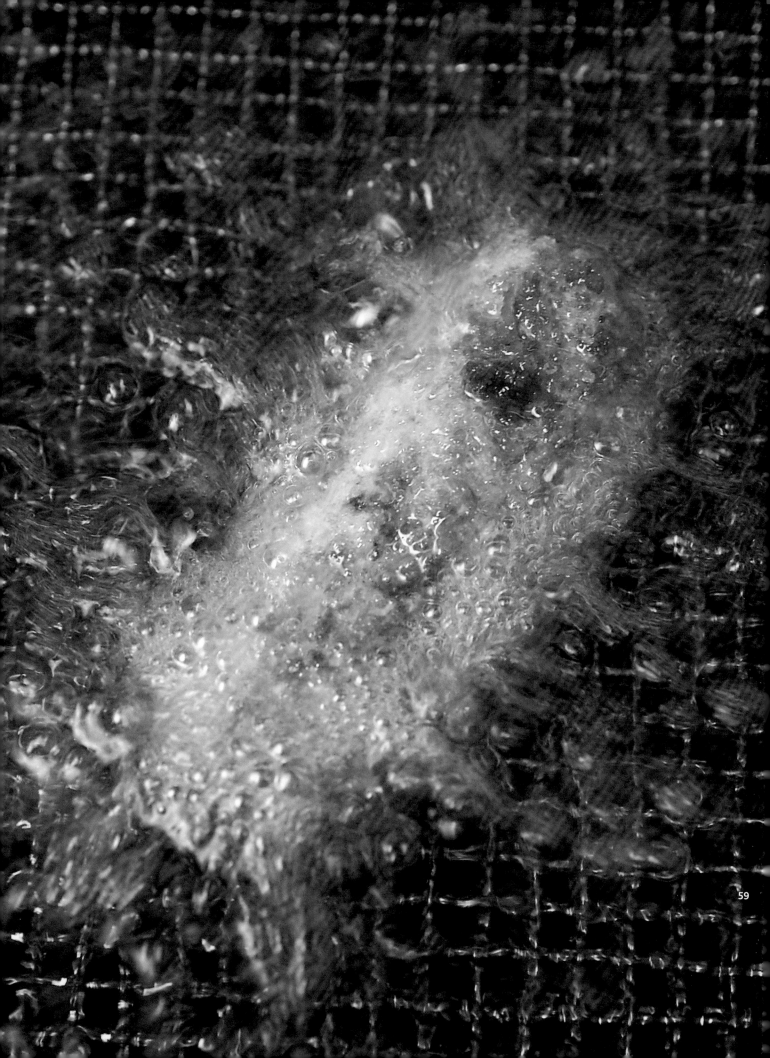

Bittergarnituur

In de restaurants is het fenomeen 'amuse' al lang geleden ontstaan.
Vroeger kreeg je gewoon een aperitief, voordat het voorgerecht op
tafel kwam. Daar zat verder niets bij. Later zette het restaurant er
soms een zoutje bij, een paar olijfjes of wat brood met kruidenboter.
Maar al snel kwamen er prachtige 'hapjes'. Het begon met eentje.
Op een gegeven moment serveerde een beetje toprestaurant maar
liefst drie amuses.

In Nederland hebben we daar een goed woord voor: bittergarnituur. Sommigen hebben het gewoon over hapjes. Het idee erachter is om tijdens het aperitief ook een kleinigheid te eten te hebben. Dat moeten kleine aantrekkelijke hapjes zijn, die als belangrijke taak hebben de eetlust op te wekken. Dat wordt wel eens vergeten. In sommige restaurants is je trek na drie hapjes al een stuk gestild, in plaats van opgewekt.

Zo was eind jaren tachtig een mousse erg in. Voor de keuken is dat gemakkelijk. Je maakt een bak zalmmousse, spuit wat op een plakje komkommer of een stukje (geroosterd) brood en je hebt een lekkere amuse. Maar na twee van die hapjes is je trek wel weg. Dat was niet functioneel; er werd niet nagedacht over waar een hapje toe dient.

Het bekendste hapje in de Nederlandse bittergarnituur is natuurlijk de bitterbal. Als je die goed maakt — met een krokant gefrituurde korst, een lichte vulling en wat zacht vlees, kip, groente, vis of schaaldier — is dat een heerlijk hapje, waar iedereen altijd wel trek in heeft. Het mag dan uiteraard niet die zware, kleffe hap zijn die je in veel café's krijgt.

Een andere verrassende smaak- en eetlustopwekker is zuur. Een aperitief is meestal fris, zoals witte wijn, champagne of een droge fino (sherry). Strakke mondbelevingen. Daar mag een fris-zurig hapje bij. Niet het type tafelzuur dat je in de supermarkt koopt. Dat is vaak veel te zoet (bij Nederlandse augurken en Amsterdamse uitjes zit altijd veel suiker) of veel te zuur (rolmopsen waar je mond van samentrekt). Maar een stukje vis dat even door het citroensap en de olijfolie wordt gehaald of de rolmops van makreel die verderop in dit boek wordt beschreven. In dit opzicht kunnen we veel leren van de Spanjaarden, met hun vele tapas, en van de Japanners, met hun lichte en verse smaken. Kijk ook eens naar het recept van de geroosterde zuurkooldadel, een hapje dat alle smaken in zich heeft.

Ook met hapjes neem je de Nederlandse seizoenen mee. Dat doe je vooral door de groente die je gebruikt. 's Zomers maken we bijvoorbeeld een hapje van op de barbecue of grill geroosterde paprika, dat je serveert met wat verse basilicum, die dan overdadig in onze kruidentuin groeit. En in de winter maak je iets met zuurkool. 's Winters liggen warme hapjes voor de hand en 's zomers koude hapjes. Een kopje koude slasoep bijvoorbeeld, die je als Nederlandse tegenhanger mag zien van de Spaanse gazpacho. In de lente kun je iets lekkers maken met asperge of met verse doperwten. Bijvoorbeeld een minikopje verse doperwtensoep met een stukje gerookte paling erin. Een erwtensoep van verse doperwten is totaal anders van smaak dan de wintersoep van gedroogde spliterwten. Verse erwten zijn zoet, wat heel mooi combineert met het zout van gerookte paling.

In de herfst kun je denken aan hapjes van verse paddestoelen, maar ook iets met een ouderwetse wildragout, waar je bijvoorbeeld een krokant bitterballetje van kunt maken. Of een bapao met hazenpeper. Bapao is het gestoomde broodje uit de Vietnamese keuken: zacht en lichtzoet. Van hazenvoorlopers maak je de peper op Brabantse wijze. Die wordt dan geserveerd in een gestoomd broodje. Mooi als hapje voor een kerstdiner. Het is heel Nederlands, want de typische smaak van Brabantse hazenpeper overheerst en wordt geaccentueerd door de bapao. Brabantse hazenpeper heeft zoveel rijke aromaten — doordat er azijn bij zit maar ook peperkoek en zelfs chocolade — dat het onmiskenbaar een smaak van vroeger oplevert. Geen haar op je hoofd die denkt dat dit een Vietnamees hapje zou zijn. Want je proeft en ruikt Brabant.

Je zou kunnen zeggen dat een bapao een soort worstenbroodje is, zoals ze bij Brabantse koffietafels worden geserveerd. Alleen is een bapao veel lichter en spannender, dus blijven we het maar bapao noemen. In plaats van het bekende worstenbroodje kun je trouwens in het voorjaar denken aan een worstenbroodje met Zeeuwse kreeft, waarin de kreeft de plaats van het varkenssaucijsje inneemt.

Wat we er ook van maken, laten we genieten van onze heerlijke Nederlandse bittergarnituur met Nederlands Trappistenbier of een glaasje Nederlandse wijn van bijvoorbeeld Marius van Stokkom van 'de Linie' in Made. Maar zeg alsjeblieft nooit meer 'tapas' of 'amuses'.

Groenten van de

koude grond, vis

uit de Noordzee of

uit de rivieren en

Seizoenen in Nederland

vlees, gevogelte

en wild uit

Nederland.

Producten die je in

het seizoen koopt,

zijn altijd het

beste in kwaliteit

en het voordeligst

in prijs.

VOORJAAR

Groenten / fruit	Vis / schaaldieren / Schelp- (week)dieren	Vlees / gevogelte / wild
asperges	ansjovis	houtduif
bietjes	europese (oosterschelde) kreeft	kalf
bospeen	geelvin tonijn	kip
bosui	grijze garnaal	lam
morieljes	harder	reegeit 1 januari/15 maart
peultjes	haring	rund
raapsteeltjes	heilbot	speenvarken
rabarber	langoustines	varken
radijs	makreel	
spinazie	noordzee krab	
tuinbonen	octopus	
	oesters	
	pijlstaart inktvis	
	rivierkreeft	
	rode mul	
	sardines	
	spiering	
	sprot	
	st. jacobsmosselen	
	witte koolvis	
	zeebaars	

ZOMER

Groenten / fruit	Vis / schaaldieren / Schelp- (week)dieren	Vlees / gevogelte / wild
aubergines	ansjovis	houtduif
augurken	europese (oosterschelde) kreeft	kalf
boontjes	geelvin tonijn	kip
cantharellen	grijze garnaal	lam
courgettes	harder	reebok 1 mei - 15 september
doperwten	haring	rund
kapucijners	langoustines	speenvarken
paprika	makreel	varken
sla	noordzee krab	wild konijn
snijbonen	octopus	wilde eend, taling, houtsnip, watersnip
tomaat	oesters	15 augustus -december
tuinbonen	pijlstaart inktvis	
	rivierkreeft	
	rode mul	
	rode poon	
	sardines	
	snoekbaars	
	spiering	
	sprot	
	tongschar	
	wijting	
	witte koolvis	

HERFST

Groenten / fruit	Vis / schaaldieren / Schelp- (week)dieren		Vlees / gevogelte / wild
cassis	geelvin tonijn	rode poon	fazant 15 oktober - 31 januari (hanen)
eekhoorntjesbrood	grijze garnaal	sardines	haas 15 oktober - 31 december
knolselderij	harder	schelvis	hert 1 september - 15 maart
pompoen	haring	snoekbaars	kip
prei	heilbot	spiering	patrijs 1 september - 31 december
sperziebonen	langoustines	sprot	rund
spruitjes	makreel	st. jacobsmosselen	speenvarken
vijgen	mosselen	tongschar	varken
wortel	noordzee krab	wijting	wild konijn
zuurkool	octopus	witte koolvis	wilde eend
	oesters	zeebaars	wildzwijn 1 augustus - 31 januari
	pijlstaart inktvis		
	rivierkreeft		
	rode mul		

WINTER

Groenten / fruit	Vis / schaaldieren / Schelp- (week)dieren		Vlees / gevogelte / wild
appel peer	ansjovis	rode mul	fazant hanen t/m 31 januari
boerenkool	geelvin tonijn	rode poon	kip
knolselderij	grijze garnaal	sardines	reegeit/-kalf 1 januari - 15 maart
kolen	harder	schelvis	rund
koolraap	haring	skrei kabeljauw 1 februari t/m	speenvarken
pastinaak	heilbot	31 maart	varken
prei	langoustines	snoekbaars	wild konijn
schorseneren	makreel	spiering	wildzwijn 1 augustus - 31 januari
spruitjes	mosselen	sprot	
topinamboer	noordzee krab	st. jacobsmosselen	
witlof	octopus	tongschar	
wortel	oesters	wijting	
	pijlstaart inktvis	witte koolvis	
	rivierkreeft	zeebaars	

Het gebruik van vissen die kuit aan het produceren zijn is absoluut uit den boze! Deze vissen zijn eigenlijk grote visfabrieken die ervoor zorgen dat we in de toekomst vis kunnen blijven eten! Daarom is het heel belangrijk om te weten welke vissen er op welk moment gegeten mogen worden! Sommige vissoorten worden bedreigd met uitsterven als we ze blijven eten, deze komen dan ook helemaal niet voor in de seizoenskalender. Stop met het eten van deze soorten en kies vis waar er nog wel genoeg van rond zwemt en geniet ervan. Of kies voor duurzaam gekweekte vissoorten, ondanks dat de smaak altijd minder is dan de wilde soorten (wat ook geldt voor vlees en gevogelte). Zorg als kok in iedere geval voor een perfecte bereiding om elke vis tot de top te laten horen!

Creativiteit in de keuken

Creativiteit in de keuken en kookkunst zijn beslist geen hoogdravende begrippen.
De inspiratie voor creatief koken vinden we overal – vooral op de markt. Topkoks,
waar ook ter wereld, werken ook zo. Ze hebben weliswaar geen tijd om élke dag naar de
markt te gaan, maar zo vaak ze maar kunnen, bekijken ze 's ochtends wat er wordt
aangevoerd. Ze kiezen de mooiste en meest verse producten uit. Daar gaan ze diezelfde
middag of avond een mooi gerecht van maken. Of ze laten zich inspireren met het oog
op de nieuwe menukaart.

Zoek de spanning van de eenvoud!

Creativiteit is een middel; het mag nooit een doel op zich zijn!

Als je in alle eenvoud met de verschillende ingrediënten spannende smaakcombinaties kunt bereiken, dán ben je een goede kok. Het lijkt heel moeilijk om met smaken spanning op te roepen. Maar ook hier komt de natuur de kok te hulp.

Het is bijvoorbeeld niet toevallig dat tomaat zo vaak wordt gecombineerd met basilicum. Het is eigenlijk heel logisch dat die twee zo geweldig bij elkaar passen en zo'n mooie spanning oproepen. Ze komen namelijk uit hetzelfde stukje natuur en uit hetzelfde seizoen. Het is geen wonder dat de Provençaalse keuken is gebaseerd op de combinatie van olijven, knoflook, tomaat en basilicum. Die vier ingrediënten staan daar gewoon overal bij elkaar. En onze eigen hutspot, met aardappelen, winterwortelen en uien was evenmin een moeilijke uitvinding. Die drie ingrediënten lagen 's winters nu eenmaal in elke kelder in een kistje.

Als je aan de natuur denkt en je gevoel en fantasie een woordje mee laat spreken, kom je vanzelf op creatieve ideeën voor smaakcombinaties die een leuke spanning kunnen opleveren en toch bij elkaar passen. Als we bijvoorbeeld aan Zuid-Frankrijk denken, kunnen we ons de geur van lavendel voorstellen. En we kunnen ons ook indenken dat we met diezelfde geur in onze neus een ijsje lopen te eten. Kennelijk kunnen die twee voor ons gevoel dus heel goed samen. Dus: máák lavendelijs. Een ander voorbeeld: we weten allemaal dat thee en cake bij elkaar horen. Dus bak eens een cake waarin een mooie theesoort is verwerkt of serveer thee-ijs bij deze cake.

Een andere creatieve maar heel spannende smaakcombinatie, die door de natuur wordt geïnspireerd, vormt bijvoorbeeld lamsvlees en makreel. Serveer in plaats van Vitello tonnato eens gebraden lam met makreelmayonaise. Waarom? Ze doen beide denken aan Zeeland waar de schapen op de dijk in de verte de makrelen door het water zien schieten. Om die reden is het ook geen wonder dat verschillende wild- en gevogeltesoorten, die in dezelfde natuur bij elkaar leven, uitstekend in één gerecht gecombineerd kunnen worden. De smaken kunnen heel anders zijn maar ze combineren toch prachtig.

De combinatie zuurkool en tomaat, daarentegen, lijkt mij helemaal niks. Zuurkool is winterkost en tomaat hoort bij zomer. En voor mijn gevoel kunnen producten waarvan de kleuren met elkaar vloeken ook niet samen smaken. Ik kan geen gerookte zalm en tomaat combineren. Het lijkt mij dat die combinatie er op het bord niet uitziet en dus lijkt het mij ook in smaak niet samen te gaan. En toch, je kunt je vergissen. Ik heb in een bijzonder restaurant eens zalm met tomatensaus kregen. Het zag er niet uit, het leek me helemaal niks, en toch smaakte het geweldig. Dat heeft me geleerd dat je voor ware creativiteit je vooroordelen moet vergeten.

Creativiteit in koken is voor mij het zoeken naar verrassingen en spanning in smaken.

'De grootste

vijand van de

Mise en place
oftewel "op zijn plaats zetten"

keuken is

gemakzucht'

De organisatie van de keuken is het allerbelangrijkste.
Als je het niet organiseert, wordt koken nooit leuk. Dus begin
met lijstjes te maken. Een lijstje van ingrediënten die je van de
markt gehaald hebt. Een lijstje van het menu dat je hebt
samengesteld. Een lijstje van de werkzaamheden die je moet
verrichten. Maar...

SPLITS DIT LIJSTJE IN DRIEËN.

1 schoonmaakwerk
2 basisbereidingen
3 afwerken of à la minute

Deel je werkplek overzichtelijk in.
Hierbij is belangrijk:
> Schone snijplanken in diverse kleuren
> Een schone vaatdoek
> Een koksdoek
> Scherpe messen
> Een staafmixer
> Zeezout
> Peper uit de molen
> Keukenpapier
> Een afvalbakje
> Plasticfolie

1 SCHOONMAKEN

Alle ingrediënten moeten worden schoongemaakt:
> Groenten moeten worden gewassen, geschild en / of geplukt.
> Vis moet geschubd en van ingewanden worden ontdaan, worden gewassen en misschien (liever niet) worden gefileerd.
> Vlees, gevogelte of wild moet worden uitgebeend, de vliezen moeten worden verwijderd, het stuk moet zijn opgebonden of klaargemaakt voor het bakken of braden.
> Maar ook moeten de knoflooktenen worden schoongemaakt, de sjalotten gepeld en eventueel de aardappels geschild.
> En de bouillon moet worden opgezet. Er moet bouillon worden gemaakt voor de bereidingen maar ook voor de basissaus 'jus de veau'.
> En dan de restverwerking: van al het afval van vis- en vleesproducten moet je natuurlijk iets maken, of het nu een bouillon is of echte hamburgers, die je maakt van het afsnijdsel van rundvlees. De kunst van koken is wat je kunt maken van het afval! Afval is geen vuilnis, maar bestaat uit restproducten van de mooie ingrediënten die je gekocht hebt.

2 BASISBEREIDINGEN

Alles wat je kunt bereiden vóór het daadwerkelijk à la minute-werk, bijvoorbeeld frituren, sla aanmaken met vinaigrette, kleine stukken vis, vlees, of groenten bakken en afwerken met ijs, kun je vóórbereiden om druk en stress in de keuken te vermijden.

Denk aan basissauzen zoals mayonaise, dressing, jus de veau, kippenbouillon, tomatenketchup, je eigen kerrie, tomaten zonder vel, op de barbecue geroosterde rode paprika's die van hun vel ontdaan zijn, puree van basilicum met olijfolie, gehakte peterselie, geraspte citroenschil,

Zet alles klaar in kleine bakjes zodat alles wat je nodig hebt bij de hand staat! Knoflook, gesnipperd sjalotje, olijfolie, de staafmixer, pepermolen, zeezout, gesneden bieslook en boter.

Zorg ook altijd voor een grote pan met kokend water, voor een snelle pasta of voor als je iets vergeten bent.

Zorg voor de borden waar je de gerechten op wilt serveren: koude borden voor de koude gerechten en warme voor de… warme gerechten.

Denk altijd aan de temperatuur van de wijn die je wilt serveren, witte wijn niet te koud, rond 7° C. en de rode wijnen rond 18°C, maar in een warme zomer mogen sommige wijnen zeker kouder zijn. Denk aan een Beaujolais die mag fris geserveerd worden op een temperatuur van 12 à 14°C. Of denk aan rode wijnen die in warme gebieden gemaakt zijn, die mogen eventueel gedecanteerd worden om zuurstof toe te voegen, hiermee open je de smaak van de wijn.

Ook water met ijsblokjes op tafel mag je niet vergeten.

En muziek: leg cd's klaar en zorg dat er muziek aan staat die bij de gelegenheid past, als je vrienden binnenkomen.

3 AFWERKEN OF À LA MINUTE

Als de gasten arriveren, of als je vrienden binnenkomen, is de keuken 'spic en span'. Alles is schoon, de mise en place staat klaar en jij staat te steigeren, want je wilt aan het werk, de spanning is te snijden, alles moet kloppen, gasten/vrienden moeten op tijd zijn!! Want je hebt alles uitgekiend. "Te lang wachten op een laatkomer betekent niet voldoende rekening houden met de aanwezigen." (Confucius), dus als iedereen binnen is, knállen!!

Zorg dat er altijd iets te eten op tafel staat als gasten binnenkomen en dat ze een aperitief te drinken krijgen. Dat kan eenvoudige rauwkost zijn met een dipsaus of een mooi bittergarnituur. Dan gaan zij aan tafel en begin jij met de afwerking, of de bereiding à la minute, zodat de gasten meteen de eerste geluiden en geuren uit de keuken opvangen. Daarna serveer je het menu in een snel tempo, want gasten wachten langer dan je denkt, omdat jij het gewoon druk hebt en zij lekker genieten van alles wat er voorbijkomt.

Daarna is het een kwestie van opruimen en schoonmaken.

'De Nieuwe Nederlandse Keuken gaat een grote toekomst tegemoet, doordat de behoefte aan authenticiteit en kwaliteit steeds groter wordt.
Wat is er fijner om Nederlandse producten van het land, uit de lucht of uit het water naar eer en geweten te bereiden tot een lekker gerecht?!' Ton Pinxten, De Wolfslaar, Breda

'*De Nieuwe Nederlandse Keuken betekent voor mij trots zijn op de rijkdom van de producten uit ons eigen land. Trots zijn op onze Opperdoezer Ronde, op Bergse ansjovis, lamsoren, Naegelholt, Rommedoe, Zeeuwse palingbroodjes, Texelse Schapenkaas, Betuwse kersen – om maar een paar voorbeelden te noemen. Elke smaak is even boeiend! De Nieuwe Nederlandse Keuken betekent voor mij authentieke streekgerechten vanuit mijn eigen kookstijl een eigentijdse Swing geven. De Nieuwe Nederlandse Keuken is een keuken die je raakt, met smaken recht uit het hart….Eigenlijk kun je er gewoon niet omheen, wees trots!*'* Angélique Schmeinck, Angélique Schmeinck Producties, Huissen

KOK

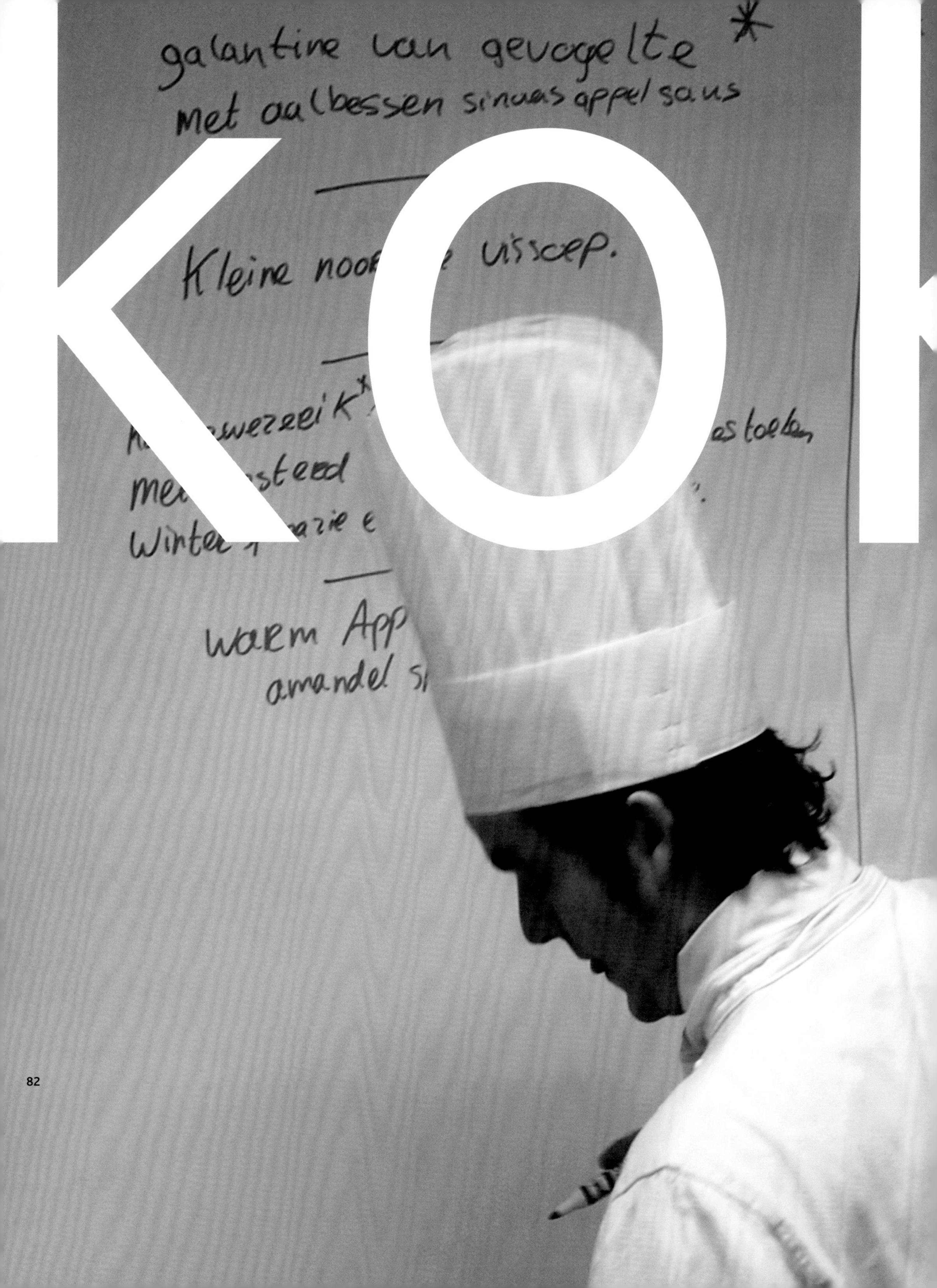

steuring .
g i klaarzetten.
ssen sinaasappelsans
ewerekit blancheren
daa eken.

Francipane:
30 gram boter,
25 g citroen rasp.
30 gram heel ei.
gram Amandel

Po s duches
500 g hone au

eige

vanille vla.
le stokje
melk.
300 g suiker.
15 eierdooiers

Bittergarnituur

Gefrituurde doperwten met 'snertmayonaise' en gerookte paling met gezouten citroen

VOOR 20 PERSONEN

INGREDIËNTEN

Voor de salpicon:

1,5 kilogram verse doperwten

250 gram diepvriesdoperwten

20 gram gerookte scharrelspek

1 sjalot

2 deciliter kippenbouillon

1 deciliter slagroom

30 gram boter

40 gram bloem

6 gram gelatine

bloem

2 deciliter eiwitten

250 gram vers broodkruim

Snertmayonaise (zie basisrecept)

Voor de garnituur:

1/8 knolselderij

1/2 prei

1/4 winterwortel

1/2 stengel bleekselderij

2 takjes selderij

400 gram gerookte paling

2 gezouten citroenen (zie basisrecept)

BEREIDINGSWIJZE

Maak de verse doperwten schoon en blancheer ze in ruim kokend water met 20 gram zout per liter. Maak van de verse doperwten met spekjes, sjalot, kippenbouillon, slagroom, gelatine, boter en bloem een salpicon en laat afkoelen. Snijd hier de volgende dag blokjes van. Paneer ze in bloem, eiwit en vers broodkruim. Fileer en portioneer de paling. Snijd de gezouten citroenen julienne. Maak mayonaise en meng deze met de puree van diepvriesdoperwten. Garnituur: snijd een fijne brunoise van knolselderij, bleekselderij, wortel en prei. Meng dit met gehakte bladselderij. Frituur de doperwtenblokjes en garneer ze met de mayonaise, paling en citroen.

Bittergarnituur van kip met piccalilly

VOOR 4 PERSONEN

INGREDIËNTEN

2 kippenvleugeltjes

1 eetlepel sojasaus (Kikkoman)

1 ei

2 eetlepels sesamzaad

plantaardige olie om te frituren

1 kippenmaag

1 kippenhartje

3 eetlepels ganzenvet

1 teen knoflook

1 blaadje laurier

1 kippenlevertje

vermicelli van filodeeg

zeezout

Voor de garnituur:

250 gram jonge groenten

piccalilly (zie basisrecept)

BEREIDINGSWIJZE

Maak de kippenvleugeltjes schoon en stroop het vel op de botjes omhoog. Maak een marinade van de sojasaus en het ei en haal de vleugeltjes erdoor. Paneer ze in het sesamzaad. Frituur ze en leg ze op een stuk keukenpapier.

Zout de maag en het hartje met zeezout en konfijt ze 2 uur in het ganzenvet op 80 °C met knoflook en laurier.

Rol de lever in de vermicelli en bak deze in hete olie. Voeg eventueel nog wat zout toe.

Garnituur: blancheer de jonge groenten en breng ze op smaak met wat zeezout. Serveer ze bij het bittergarnituur, met piccalilly.

Broodje gerookte paling met snertmayonaise

VOOR 25 PALINGBROODJES

INGREDIËNTEN

Voor witbrood:

half basisrecept

3 à 4 eidooiers

25 reepjes gerookte paling à 20 gram

"snert"mayonaise (zie basisrecept)

BEREIDINGSWIJZE

Meng en kneed het deeg (zie basisrecept). Laat de reepjes paling aanvriezen in de vriezer. Verdeel het deeg in porties van 30 gram, laat 30 minuten rijzen.

Verwarm de oven voor op 160 °C. Rol in elke portie deeg een reepje paling.

Besmeer het deeg met eidooier en bak ze in 10 à 15 minuten af. Serveer met "snert"mayonaise.

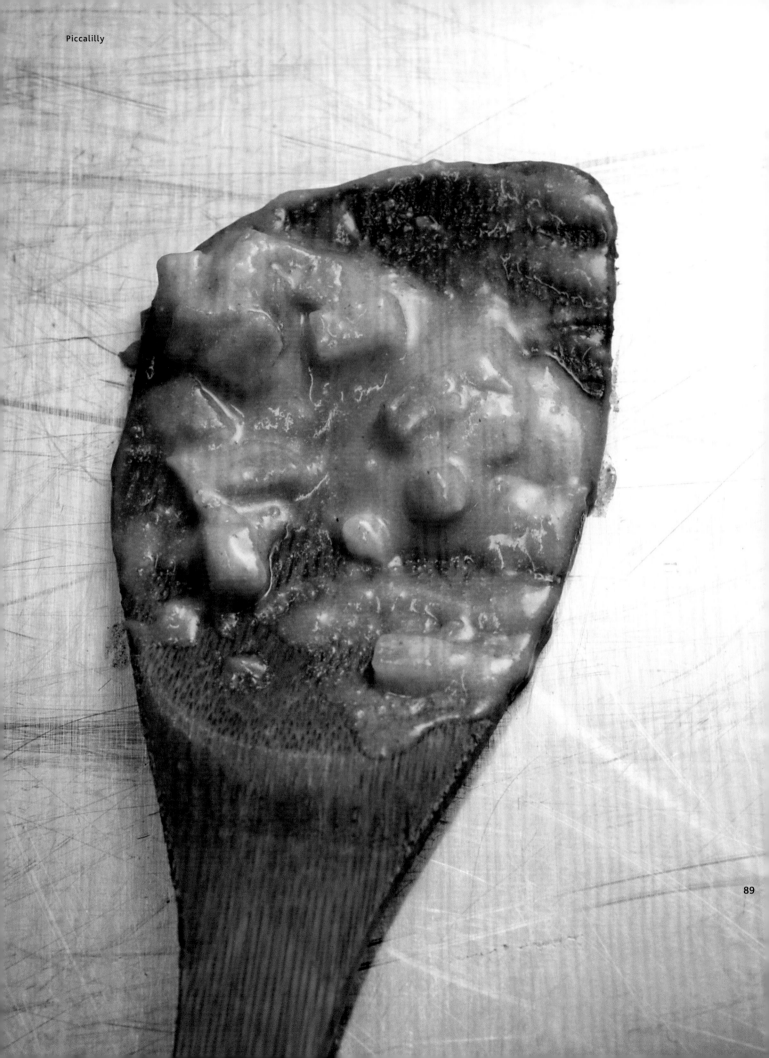

Worstenbroodjes

INGREDIËNTEN

Voor het brood:

- 1 kilogram bloem
- 10 gram suiker
- 5 à 6 deciliter melk
- 80 gram verse gist
- 150 gram boter
- 20 gram zout
- eidooier (om te bestrijken)

Voor de vulling:

- 1 kilogram half-om-halfgehakt
- 150 gram reuzel
- paneermeel
- 1 snee bruinbrood
- melk
- zout, peper
- nootmuskaat

BEREIDINGSWIJZE

Zet een deeg van alle grondstoffen behalve boter en zout. Voeg niet alle melk in één keer toe. Houd wat achter de hand. Voeg boter en zout pas toe nadat alle grondstoffen zijn gemengd. Het deeg mag niet te stijf zijn. Voeg zonodig nog wat melk toe. Kneed het deeg 10 à 15 minuten, totdat het mooi glad is. Verdeel het in 3 gelijke stukken en maak er bollen van. Laat ze 10 minuten rijzen onder een vochtige theedoek. Sla het deeg door en maak er een pil van die overal even dik is. Lengte 40 centimeter. Verdeel het deeg in 30 gelijke stukjes. Gebruik hiervoor een liniaal. Maak van elk stukje een bolletje. Leg de bolletjes op volgorde zodat je straks ook weer bij het eerste bolletje begint met uitrollen.

Maak nu de vulling:

Neem het sneetje bruinbrood en snijd alle korsten eraf. Uiteindelijk blijft alleen het binnenste van het brood over. Week het brood in de melk en knijp tegelijkertijd weer uit. Leg het geweekte brood in een bakje. Meng alle grondstoffen (inclusief het brood) en breng op smaak met zout, peper en nootmuskaat. Wees hier altijd voorzichtig mee, erbij kan altijd nog. Maak van de massa 30 gelijke pillen. Je kunt hiervoor een spuitzak gebruiken. Je kunt ook de massa verdelen in 3 stukken, uitrollen en elk in 10 stukjes delen. Leg op een bestoven plaat en bewaar afgedekt met plasticfolie in de koeling.

Rol één voor één de bolletjes deeg in 2 fasen uit tot een ovaal plakje dat iets groter is dan de gehaktpil. Leg de gehaktpil op het deegplakje. Bij het invouwen mogen geen deegkoppen ontstaan. De sluiting moet perfect dicht zitten, zodat er een glad gemodelleerd broodje ontstaat. Er mag geen gehakt tussen de sluiting komen, want dan gaan de broodjes tijdens het bakken open staan. Zet de broodjes direct op de besmeerde plaat met de naad onderop. Zet de broodjes niet te dicht bij elkaar, omdat ze dan aan elkaar kunnen gaan bakken. Geef de broodjes een rusttijd van 5 minuten alvorens ze te bestrijken met eidooier. Wacht weer 5 minuten, bestrijk opnieuw en laat ze dan 35 minuten rusten. Verwarm ondertussen de oven voor op 240 °C. Bak de broodjes af in 10 à 15 minuten.

Tip: Warm de worstenbroodjes nooit op in een magnetron. Alleen in een warme oven.

Frikadellen

VOOR CA. 25 STUKS

INGREDIËNTEN

- 660 gram vetspek
- 660 gram kipfilet
- 660 gram kalfsfricandeau
- 6 eieren
- 6 kleine aardappels, gekookt
- 34 gram kleurzout
- 1,5 theelepel gemalen nootmuskaat
- 1 of 2 stronkjes witlof (afhankelijk van het aantal gasten)
- mosterdfuit (zie basisrecept)

BEREIDINGSWIJZE

Steek de barbecue aan. Draai het spek, kipfilet en het kalfsvlees door de gehaktmolen. Voeg de rest van de ingrediënten tot aan de witlof toe aan het vleesmengsel en pureer alles goed koud in een keukenmachine fijn. Rol dan de massa in plastic keukenfolie tot frikadellen.

Laat ze in de folie 14 minuten op 100 °C in de oven gaar worden.

Laat ze afkoelen en rooster ze op de barbecue.

Serveer eventueel met blaadjes witlof die zijn aangemaakt met mosterdfruit.

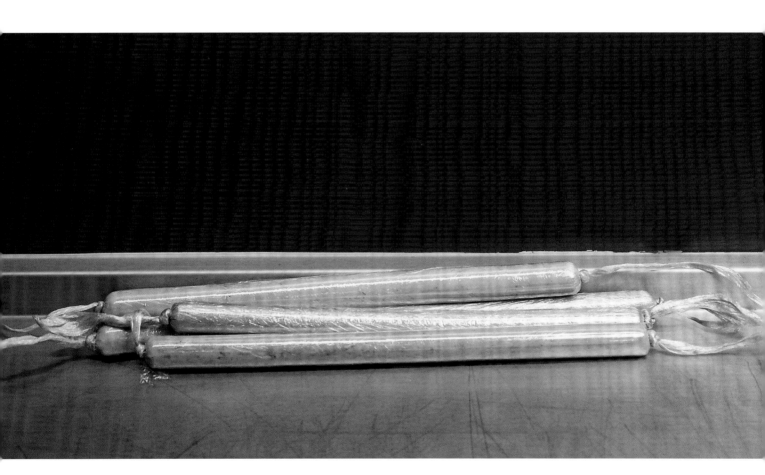

Gehaktloempia met grootmoeders komkommerdip

VOOR 4 PERSONEN

INGREDIËNTEN

120 gram half-om-halfgehakt

(zie basisrecept gehaktballen)

4 loempiavellen

$^1/_2$ komkommer

1 eetlepel suiker

3 eetlepels azijn

$^1/_2$ chilipeper

1 kleine sjalot

BEREIDINGSWIJZE

Bereid het gehakt volgens het basisrecept.

Rol het gehakt in de loempiavellen, zodat de vorm van een sigaret ontstaat.

Schil de komkommer en snijd het zaad eruit, snijd er een fijne brunoise van en breng deze op smaak met suiker, azijn en fijngesneden chilipeper. Snijd het sjalotje ook ragfijn en meng het met de komkommer.

Frituur de loempiaatjes op 180 °C en serveer ze met de komkommerdip

Garnalengehaktballetjes op de barbecue

VOOR 20 PERSONEN

INGREDIËNTEN

500 gram reuzengarnalen (Black Tiger)

500 gram kipfilet

500 gram vetspek

20 lente-uitjes

1 eetlepel bieslook, gesneden

0,5 deciliter sojasaus

0,5 deciliter gembersiroop

peper en zout

BEREIDINGSWIJZE

Steek de barbecue op tijd aan.

Maak de reuzengarnalen schoon, verwijder het darmkanaal en draai ze samen met de kipfilet en het vetspek door de gehaktmolen met de fijne plaat. Cutter het gehakt daarna fijn in de keukenmachine en breng op smaak met bieslook, gembersiroop, sojasaus, peper en zout. Draai hiervan balletjes van ongeveer 25 gram en blancheer deze kort in water met 18 gram zout per liter. Maak de lente-uitjes schoon en snijd ze in drieën.

Rijg de balletjes per drie stuks om en om met een stukje lente-ui op een satéprikker en rooster ze gaar op de barbecue.

Groentebitterballen

VOOR CA. 100 STUKS

INGREDIËNTEN

1 kilogram verse groenten van het seizoen, in kleine stukjes gesneden

4 eetlepels specerijen van de V.O.C. opgelost in 0,5 liter water

100 gram boter

120 gram bloem

1 jalot, gesnipperd

0,5 liter melk

5 blaadjes gelatine

zout en peper uit de molen

1/2 bosje bieslook, gesneden

1/2 bosje platte peterselie, gehakt

1 eetlepel Dijonmosterd

Om te paneren:

bloem, ei, vers broodkruim

BEREIDINGSWIJZE

Blancheer de groenten in ruim kokend water met 18 gram zout per liter; spoel af met koud water en dep droog.

Maak ondertussen een roux van boter, bloem en sjalot. Verwerk deze tot een salpicon met de specerijenbouillon en de melk en laat een halfuur gaar koken. Week de gelatine in koud water en voeg de uitgeknepen gelatine toe aan de kokende salpicon. Roer goed door. Voeg de geblancheerde groente, de kruiden en mosterd toe.Breng op smaak met zout. Laat de salpicon goed afkoelen in de koelkast.

Draai het mengsel tot bitterballen en paneer ze twee keer.

Frituur ze in porties op 180 °C.

Bitterballen of kroketjes met Hollandse garnalen

VOOR CA. 100 STUKS BITTERBALLEN OF 30 KROKETTEN

INGREDIËNTEN

125 gram boter

300 gram bloem

0,5 liter kippenbouillon

0,25 liter slagroom

100 gram jonge kaas, geraspt

2 eieren

500 gram Hollandse garnalen

$^1/_2$ bosje bieslook, gesneden

$^1/_2$ bosje peterselie, gehakt

Om te paneren:

bloem, ei, vers broodkruim

BEREIDINGSWIJZE

Maak een roux van boter en bloem.

Verwerk de roux met kippenbouillon en slagroom tot een salpicon en laat het een half uur doorkoken.

Meng hier de kaas en eieren doorheen.

Voeg de garnalen en kruiden toe en breng op smaak met zout en peper. Laat de salpicon goed afkoelen in de koelkast.

Vorm kroketten (of bitterballen) en paneer ze.

Frituur ze op 180 °C.

Karamelsoesjes met smeerleverworst (naar idee van Constant Fonk)

VOOR 25 STUK

INGREDIËNTEN

25 soesjes (zie basisrecept)

250 gram smeerleverworst (zie basisrecept)

200 gram suiker

BEREIDINGSWIJZE

Vul de soesjes met de smeerleverworst.

Doe de suiker in een steelpan en voeg water bij de suiker tot het 'drijfzand' is. Laat het suikerdrijfzand karameliseren. Haal de soesjes door de karamel en leg ze 'op hun kop' op een met olie ingesmeerde tafel, zodat er een plat karamelkorstje ontstaat.

Laat ze zo even afkoelen en leg ze dan, met de korst boven, op een bord of schaal.

Rolmops van makreel met zoetzure komkommer

INGREDIËNTEN VOOR DE AZIJN:

5 deciliter stokvisbouillon of kippenbouillon

3 eetlepels Zeeuwse stroop

1 deciliter azijn

0,5 deciliter sojasaus

BEREIDINGSWIJZE

Breng alles samen aan de kook en laat afkoelen. Dit is de azijn voor de makreel.

INGREDIËNTEN VOOR DE ZOETZURE KOMKOMMER:

100 gram suiker

1 deciliter witte wijnazijn

1 komkommer, geschil

BEREIDINGSWIJZE

Breng suiker en azijn aan de kook, laat daarna afkoelen. Snijd de komkommer in dikke repen en doe bij het zoetzuur.

INGREDIËNTEN VOOR DE MAKREEL:

verse makreel, gefileerd, 80 gram per persoon

aardappelzetmeel

verse mierikswortel

BEREIDINGSWIJZE

Snijd de filet in 4 repen en haal deze door het aardappelzetmeel. Rol de filets op en prik ze vast met een cocktailprikker. Frituur de rolletjes krokant op 180 °C en marineer ze maximaal 15 minuten in de azijn. Garneer met de zoetzure komkommer en versgeraspte mierikswortel.

Saté van geroosterde zuurkooldadel

INGREDIËNTEN

1 grote vers gekonfijte dadel*)

1 theelepel frisse zuurkool (rauw of kort gestoofd naar keuze)

1 plakje gerookt spek

BEREIDINGSWIJZE

Steek de BBQ aan of verwarm de oven voor op 200 C. Halveer de dadel en verwijder de pit. Doe de zuurkool tussen de twee dadelhelften. Bind de helften samen met een plakje gerookt spek. Zet het vast met een cocktailprikker. Rooster de zuurkooldadels op de BBQ of bak ze in een kleine 10 minuten af in de oven.

*) Dadels, de beste dadels zijn de "medjool" dadels die vanaf halverwege november op de markt verschijnen.

Stokvispoffertjes

500 gram stokvis

1 uitje, gesnipperd

2 teentjes knoflook

2 teentjes knoflook, uitgeperst

1 blaadje laurier

4 deciliter melk

200 gram aardappelpuree

1 geraspte citroen

2 eetlepels platte peterselie, gehakt

2 eidooiers

Om te paneren:

bloem, losgeklopt ei en vers broodkruim

Laat de stokvis 24 uur in koud water weken. Verschoon het water regelmatig. Breng ui, de twee hele teentjes knoflook, laurier met melk aan de kook. Kook hierin de geweekte stokvis in ongeveer 15 minuten gaar, pluk de vis en prak fijn met de aardappelpuree. Breng op smaak met de citroenschil, uitgeperste knoflook, peterselie, eidooier zout en peper.

Laat afkoelen en draai er balletjes van. Paneer à l'Anglaise (zie basistechnieken) en frituur de poffertjes op 180 °C.

Stamppotkroketjes

Voor andijvie-spekjeskroket:

aardappelpuree

andijvie, gewassen en fijngesneden

spekjes, uitgebakken

mosterd, zout en peper

Voor hutspotkroket:

aardappelpuree

gaar gekookte winterwortel en ui in stukjes

bieslook, fijngesneden

rookworst, in blokjes gesneden

variatie: groen paneermeel (witbrood met selderij gedraaid)

Voor zuurkool-dadelkroket:

aardappelpuree

gare zuurkool

dadels, ontpit en in stukjes gesneden

(eventueel uitgebakken spek)

Om te paneren:

bloem, los geklopt ei en vers broodkruim

Meng droge aardappelpuree met een ei en maak de drie soorten volgende puree's :
- andijvie, spekjes en breng op smaak met zout, peper en mosterd;
- winterwortel, ui, rookworst, bieslook, zout en peper;
- zuurkool, dadels, spekjes en zout en peper.

Spuit met een spuitzak van elke puree dunne pillen van twee centimeter dik op een plateau. Snijd hiervan stukjes van 10 centimeter en laat ze goed afkoelen in de koelkast.

Paneer ze à l'Anglaise (zie basistechnieken).

Verhit olie tot 180 °C en frituur de kroketjes goudbruin.

Kalfskroketten

VOOR CA. 30 STUKS

INGREDIËNTEN

1 kilogram kalfsvlees

1 ui

1 blaadje laurier

2 kruidnagels

Voor de roux:

100 gram boter

120 gram bloem

2 sjalotten, gesnipperd

0,5 liter kalfsbouillon (van het vlees)

0,5 liter melk

5 blaadjes gelatine

Zout, peper en een beetje nootmuskaat

$^1/_2$ bos bieslook, gesneden

$^1/_2$ bos platte peterselie, gehakt

1 eetlepel Dijonmosterd

Om te paneren:

Bloem, ei, vers broodkruim

BEREIDINGSWIJZE

Zet het kalfsvlees op met zoveel water dat het net onder staat.

Laat het aan de kook komen, schuim af en voeg ui, laurier en kruidnagel toe. Laat zachtjes koken tot het vlees beetgaar is.

Zeef de bouillon en laat het vlees afkoelen.

Snijd het daarna in kleine blokjes.

Maak ondertussen van de boter, de bloem en twee gesnipperde sjalotjes een roux en verwerk deze tot salpicon met de bouillon en de melk. Laat in een halfuur gaar koken. Los de gelatine op in koud water en voeg aan de kokende salpicon toe. Roer goed door.

Breng op smaak met de rest van de ingrediënten en het vlees.

Laat deze salpicon goed afkoelen in de koelkast.

Rol er kroketten van en paneer deze twee keer.

Frituur op 180 °C.

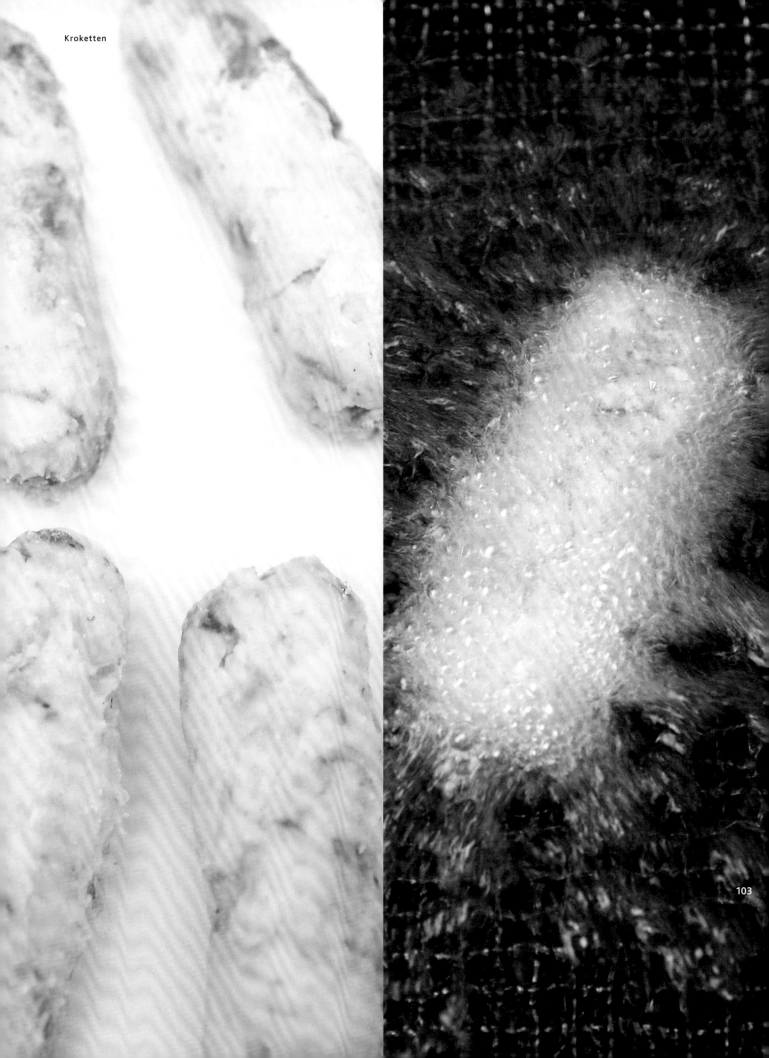

Kibbeling van kalfswang

INGREDIËNTEN

1 kilogram kalfswangen

5 deciliter water

5 deciliter rode wijn

3 uien

3 blaadjes laurier

5 kruidnagels

5 jeneverbessen

tempurabeslag (zie basistechnieken)

V.O.C.-specerijen (zie basisrecept)

Garnituur:

piccalilly (zie basisrecept)

BEREIDINGSWIJZE

Bestrooi de kalfswangen met peper en zout en bestuif ze daarna met bloem. Bak ze in arachideolie totdat ze mooi krokant en bruin zijn. Snipper de uien en bak ze goudbruin.

Blus af met de rode wijn. Voeg zoveel water toe dat de wangen net onder staan. Voeg de overige ingrediënten toe.

Laat de wangen in ongeveer 2 uur gaar koken. Pel het vet eraf als ze nog warm zijn.

Laat ze afkoelen, snijd ze in reepjes en dompel ze in een tempurabeslag dat is aangemaakt met V.O.C.-specerijen. Frituur ze krokant op 180 °C en serveer ze met piccalilly.

Toffee van buikspek met piccalilly

INGREDIËNTEN

500 gram varkensbuikspek

5 deciliter jenever

2 deciliter water

75 gram bruine suiker

3 kruidnagels

2 eetlepels gladde mosterd

1 theelepel geraspte verse gember

Garnituur:

piccalilly (zie basisrecept)

BEREIDINGSWIJZE

Kook het buikspek aan één stuk in zout water (18 gram zout in 1 liter water) in één uur gaar. Verwijder tussendoor het schuim van het water. Haal het vlees uit het water, dep het droog en laat het afkoelen. Kook ondertussen de jenever met het water en voeg de rest van de ingrediënten toe tot alles is opgelost. Snijd het afgekoelde spek in blokjes van 3 bij 3 cm. en bak de blokjes in een koekenpan met een beetje plantaardige olie goudbruin aan. Blus af (overgiet) met de jenevermarinade en glaceer het spek tot de pan droog is. Of leg het spek, na het bakken, in een ovenschaal, begiet met de jenevermarinade en glaceer gaar in de oven, op 160 C.

Laat het vlees opnieuw afkoelen of laat het warm en serveer het met piccalilly.

'Nieuwe' aardappelsalade met scholvissticks

400 gram 'nieuwe' aardappels

150 gram gerookt spek, in kleine dobbelsteentjes gesneden

2 sjalotten

4 eetlepels gladde mosterd

1 deciliter witte wijnazijn

2 deciliter kippenbouillon

1 eetlepel olijfolie

zwarte peper uit de molen

bieslook, gesneden

1 kropsla

4 scholfilets

Om te paneren:

bloem, ei en vers broodkruim

Was eerst de aardappels goed onder de kraan en borstel alle modder eraf. Kook de aardappels in de schil gaar. Snipper in de tussentijd alvast de sjalotten. Fruit het gerookt spek aan in een eetlepel olijfolie, voeg de sjalotten en de mosterd toe en blus af met de azijn en de kippenbouillon. Dit is de vinaigrette.

De aardappels moeten worden geschild en in plakjes gesneden als ze gaar en nog warm zijn. Maak de plakjes aan met de vinaigrette en breng op smaak met zout en peper en het gesneden bieslook. Bewaar de salade op kamertemperatuur.

Was de kropsla en maak hem droog in een slacentrifuge. Snijd de scholfilet in reepjes en paneer ze in de bloem, ei en vers broodkruim. Frituur de reepjes in plantaardige olie op 180 °C.

Dresseer de aardappelsalade op borden met hierop een paar blaadjes kropsla, die even door de vinaigrette van de aardappelsalade zijn gehaald. Leg de reepjes gefrituurde scholfilets daarbovenop.

Je kunt de salade eventueel serveren met mayonaise, blokjes augurk en nog wat gesneden bieslook.

Appeltaartje met uienhachee, gebakken bloedworst en lauriersaus

INGREDIËNTEN

- 4 appels
- 4 eetlepels rietsuiker
- 4 uien
- 50 gram boter
- 4 plakken bladerdeeg
- 0,5 liter jus de veau (zie basisrecept)
- 5 blaadjes verse laurier
- 4 plakken bloedworst (zie basisrecept)

BEREIDINGSWIJZE

Schil de appels en snijd ze in partjes. Laat de suiker in een koekenpan karameliseren en bak hierin de appels tot de suiker is opgelost.

Schil de uien, snijd ze in halve ringen en laat ze in de boter gaar stoven. Voeg dan de jus de veau en de laurierblaadjes toe en laat dit nog een halfuur trekken. Giet tenslotte de saus door een zeef.

Verwarm de oven voor op 180 °C. Schep de appels in aluminiumschaaltjes van 12 centimeter. Dek ze af met een plak bladerdeeg en snijd het overtollige deeg weg en bak ze af in de oven.

Haal de taartjes uit de oven als ze gaar zijn en draai ze elk op een bord om. Bak de bloedworst. Schep de saus om de taartjes en leg de gebakken bloedworst op de appeltaartjes.

Brabantse spaghetti

INGREDIËNTEN

Voor het pastadeeg:

1 kg harde tarwe (of volkoren) bloem

30 eidooiers

een klein beetje water

Voor de saus:

100 gram (Brabantse) gedroogde ham

(50 gram truffel)

30 gram boter

0,5 deciliter slagroom

2 eetlepels gesneden prei

zwarte peper uit de molen

BEREIDINGSWIJZE

Maak het deeg en draai hier spaghetti van.

Zet een grote pan water op en laat aan de kook komen.

Zweet voor de saus de gedroogde ham in boter aan, voeg eventueel de truffel toe en blus af met de slagroom. Laat de saus tot de juiste dikte inkoken en breng op smaak met de prei en de zwarte peper.

Kook de pasta en schep deze daarna direct in de saus. Laat pasta en saus binden.

Tips:

Kook de pasta nooit af in water met olie. Dan zuigt de pasta de saus namelijk niet op, de pasta moet de saus binden!

Spoel gare pasta nooit af met water!

Als je de pasta van te voren wilt afkoken, stort de pasta dan op een groot plateau en koel het af door er gelijkmatig twee vorken door te halen.

Krab cake

INGREDIËNTEN

5 verse maïskolven

5 eidooiers

3 eetlepels maïzena

$^1/_2$ bosje bieslook

$^1/_2$ bosje koriander

500 gram krab (bij voorkeur Noordzee krab)

zout en peper

olie om in te bakken

BEREIDINGSWIJZE

Snijd de maïs van de kolven. Pureer de helft van de maïs in de keukenmachine met de eidooiers. Voeg maïzena toe.

Hak de andere helft grof en meng het haksel met het beslag.

Breng op smaak met zout, peper, fijngesneden bieslook en koriander.

Knijp de krab uit en meng dit met het beslag.

Bak 3 koekjes per persoon.

Brabantse boerenpaté

VOOR 1 TERRINE (20 PERSONEN)

INGREDIËNTEN

- 500 gram varkensvlees
- 250 gram vlees van kippenbout
- 250 gram kippenlever
- 1 kilogram vetspek
- 100 gram gerookt spek
- 4 tenen knoflook
- 3 uien
- 3 takjes tijm
- 2 blaadjes laurier
- 1 liter port
- 6 eieren
- 500 gram vet spek in plakken (voor het bekleden van de vorm)
- 36 gram kleurzout
- 12 gram zwarte peper
- 2 gram nootmuskaat

BEREIDINGSWIJZE

Bak het gerookte spek even in een pan aan met de kippenlevers.

Zet de port op met knoflook, uien, tijm, laurier. Laat tot eenvijfde inkoken.

Draai het vlees met het vetspek en kippenlevers door de grove gehaktmolen. Zorg dat het vlees erg koud is!

Meng de ingekookte en gezeefde port en de eieren door het gemalen vlees.

Draai dit mengsel door een fijne gehaktmolen en breng op smaak met 36 gram zout, 12 gram zwarte peper en 2 gram nootmuskaat.

Verwarm de oven voor op 180 °C.

Vul de massa in een met vet beklede terrine en bak in de oven af in ongeveer 75 minuten, verpakt in aluminiumfolie en au bain marie.

Garnalencocktail

INGREDIËNTEN

- 4 tomaten
- 200 gram Hollandse garnalen
- 1 appel
- 1 eetlepel basisvinaigrette (zie basisrecept)
- 1 eetlepel gesneden bieslook
- 3 eetlepels sojasaus (Kikkoman)
- 3 eetlepels kippenbouillon (zie basisrecept)
- 1 theelepel gembersiroop

Om te paneren:
- bloem, eiwit, verse paneermeel

BEREIDINGSWIJZE

Mondeer de tomaten in een frituurpan op 180 °C, zodat de schil eraf komt.

Pel de tomaten en snijd het bovenste kapje eraf, maar bewaar het wel. Hol de tomaten uit en paneer ze in bloem, eiwit en verse paneermeel. Maak ondertussen de garnalen aan met basisvinaigrette. Snijd de appel in fijne blokjes en meng de stukjes en de fijngesneden bieslook met de garnalen.

Meng de sojasaus, kippenbouillon en de gembersiroop tot dipsaus. Frituur de tomaten, vul ze met de garnalensalade en serveer ze met de sojadipsaus.

Gevulde tomaat met garnalencocktail en asperge-tempura

INGREDIËNTEN

4 kleine tomaten

200 gram Hollandse garnalen

1 appel, fijne brunoise

1 bosje kleine asperges

1 deciliter magere yoghurt

1 eetlepel gembersiroop

2 eetlepels tomatenketchup (basisrecept)

1 sjalotje, gesnipperd

1 eetlepel gesneden bieslook

1 fijngesneden rood chilipepertje

 (bijvoorbeeld Madame Jeanette)

zout

4 dunne asperges

tempurabeslag (zie basistechnieken)

BEREIDINGSWIJZE

Ontvel de tomaten (monderen) en hol ze uit. Schil de asperges en snijd 2 centimeter van de achterkant af. Maak tempurabeslag met ijswater.

Maak met de overige ingrediënten, inclusief de tomatenketchup, een salade en vul hiermee de tomaten. Zet de frituurpan klaar met plantaardige olie op 180 °C. Haal de asperges door het tempurabeslag en frituur ze. Garneer met de julienne gesneden nori en bruinbrood.

Hangop van komkommer en knoflook met ongepelde Hollandse garnalen

INGREDIËNTEN

300 gram ongepelde, dagverse Hollandse garnalen, zonder conserveringsmiddelen *

0,5 liter volle yoghurt

2 komkommers

1 teentje knoflook

mespuntje komijn

zwarte peper en zout

* Hollandse garnalen zijn al gekookt

BEREIDINGSWIJZE

Laat de yoghurt 24 uur hangen in een etamine (kaasdoek). Was de komkommers, ontdoe ze van zaad en pureer ze met de knoflook in de keukenmachine.

Vermeng dit met de hangop en breng op smaak met zwarte peper uit de molen, een mespuntje komijn en zout.

Serveer de ongepelde garnalen aan tafel, pel ze en eet ze met de dipsaus. Serveer een vinger-bowl, warm water met een stukje citroen.

Komkommercocktail met sushi van nieuwe haring

INGREDIËNTEN

VOOR DE KOMKOMMERCOCKTAIL

1/2 komkommer, schoongemaakt zonder pitjes

1 limoen

1 groene appel met schil

1 deciliter mineraalwater met koolzuur

snufje zout

VOOR DE SUSHI VAN NIEUWE HARING

100 gram rondkorrelige rijst

1,5 deciliter water

3 eetlepels rijstazijn

1 nieuwe haring, gefileerd

wasabi

1 vel nori (Japans geroosterd zeewier)

BEREIDINGSWIJZE

Verwerk de komkommer met de appel in een sapcentrifuge tot sap en maak aan met limoensap en mineraalwater en op smaak met iets zout. Verwarm de oven voor op 180 °C. Was de rijst goed, laat de gewassen rijst 1 uur weken en hierna 5 minuten uitlekken. Breng water aan de kook en giet de rijst in het kokende water, wacht tot het water weer kookt en roer één keer. Dek de pan af met een deksel of aluminiumfolie en zet hem in de oven.

Stoom in 15 minuten gaar in de oven. Haal de pan uit de oven en laat de pan 5 minuten staan zonder onder de deksel te kijken. Schep daarna de rijst over in een grote (liefst houten) schaal om hem te laten afkoelen en breng op smaak met de rijstazijn. Bewaar de rijst buiten de koelkast, afgedekt met een vochtige theedoek.

Leg twee derde van de rijst op het velletje nori en smeer hierop een likje wasabi. Leg hierop de nieuwe haring en rol op. Snijd de rol in plakjes. Rijg de plakjes aan een bamboe satéprikkertje en serveer bovenop een glaasje komkommercocktail.

Sushi met tonijn

VOOR 20 PERSONEN

INGREDIËNTEN

500 gram rondkorrelige rijst

7,5 deciliter water

1 stuk kombu (gedroogde zeewier)

1 theelepel zout

2 deciliter sushi rijstazijn

10 vellen nori (Japans geroosterde zeewier)

wasabi (of maak wasabipoeder druppelsgewijs aan met water tot een pasta)

300 gram verse tonijn, in repen gesneden

1 komkommer, geschild en in repen gesneden

sojasaus (Kikkoman)

zoetzure gember

BEREIDINGSWIJZE

Was de rijst goed, laat de gewassen rijst 1 uur weken en hierna 5 minuten uitlekken. Verwarm de oven voor op 180 °C. Breng het water aan de kook met het stuk kombu en voeg de rijst toe aan het kokende water, wacht tot het weer kookt en roer één keer.

Dek de pan af met een deksel of aluminiumfolie en zet hem in de oven. Stoom in 15 minuten gaar. Haal de pan uit de oven en laat hem 5 minuten rusten zonder onder de deksel te kijken. Schep daarna de rijst over in een grote (liefst houten) schaal om hem af te laten koelen en breng op smaak met de rijstazijn. Bewaar de rijst buiten de koelkast, afgedekt met een vochtige theedoek. Verdeel de rijst over tweederde van elk velletje nori en smeer hierop een likje wasabi. Leg er een reep tonijn of komkommer bovenop en rol de vellen op. Snijd de rollen in plakken en serveer de sushi met sojasaus en zoetzure gember.

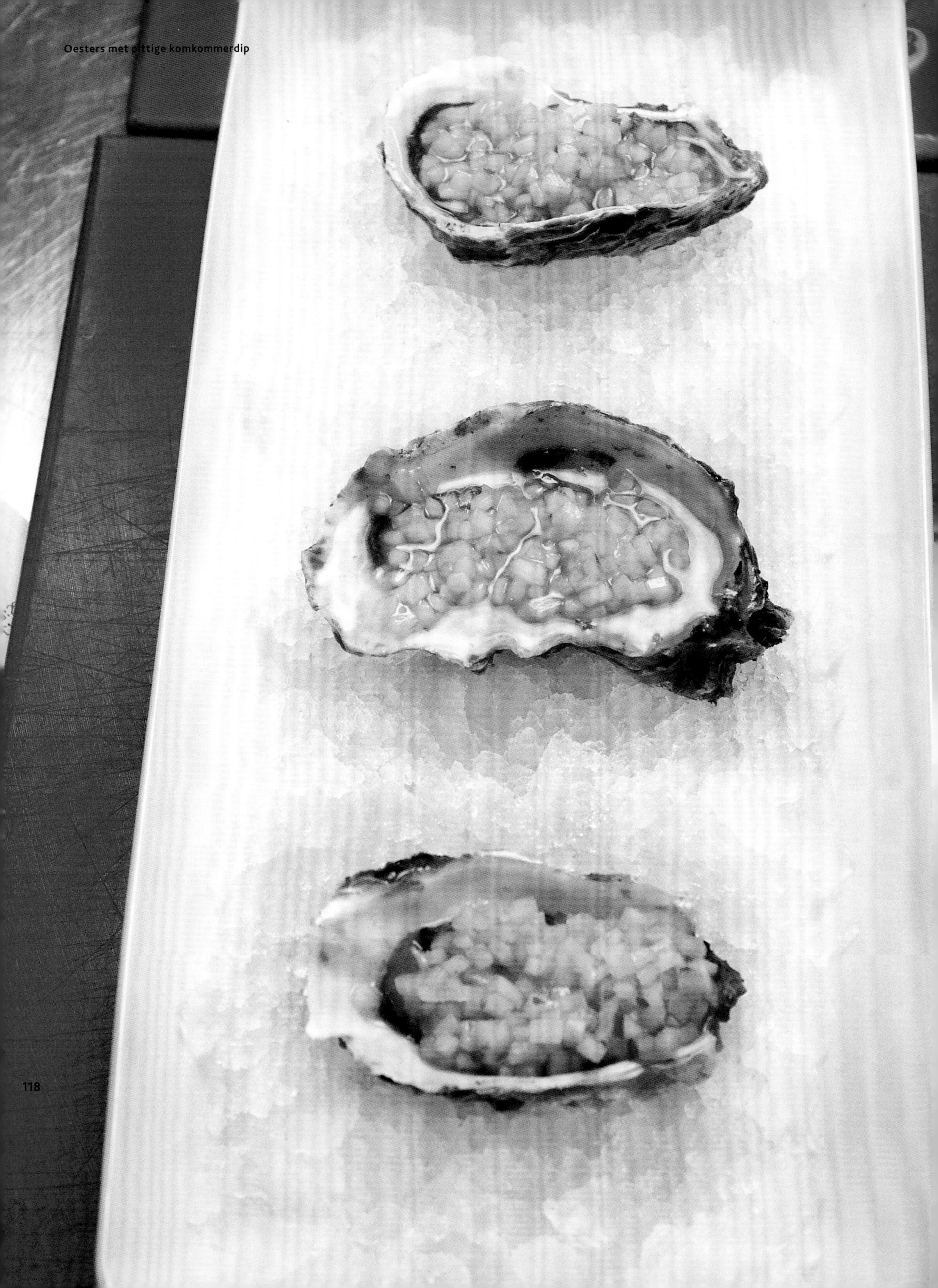

Oesters met pittige komkommerdip

INGREDIËNTEN

4 wilde oesters

$^1/_4$ komkommer

1 deciliter rijstazijn

1 eetlepel suiker

$^1/_2$ rode chilipeper

1 sjalotje

1 eetlepel sojasaus (Kikkoman)

BEREIDINGSWIJZE

Breng voor de marinade rijstazijn aan de kook en los de suiker hierin op. Schil de komkommer, snijd het zaad eruit, snijd in fijne brunoise en laat 6 uur marineren in de azijn.

Snijd het sjalotje en de chili in ragfijne brunoise. Voeg dit aan de marinade toe en breng op smaak met de sojasaus.

Steek de schelpen open, snijd de oesters los en laat ze even uitlekken. Maak ze aan met de komkommermarinade en serveer ze in de schelp.

Salade van 'nieuwe' aardappel met truffel, peultjes, rookvlees en hachee van ossenstaart

INGREDIËNTEN

- 2,5 kilogram ossenstaarten
- 3 uien
- 1 blaadje laurier
- 20 gram boter
- 250 gram runder-ribeye
- 50 gram zeezout
- 20 gram suiker
- rookmeel
- 400 gram 'nieuwe ' aardappels
- 1 deciliter olijfolie
- 20 gram sjalot, gesnipperd
- 1 deciliter witte wijnazijn
- 1 theelepel mosterd
- 1 liter kippenbouillon
- 2 eetlepels bieslook, gesneden
- zout en peper
- 800 gram peultjes
- 60 gram truffel

BEREIDINGSWIJZE

Pinceer de ossenstaarten in de oven. Zet ze dan op met water, uien en laurier en kook ze tot ze gaar zijn. Zeef de ossestaarten uit de fond en kook de fond tot 1/5 in. Pluk de ossenstaarten en bewaar koud.

Marineer de rib-eye twee dagen met zout en suiker. Laat 12 uur koud roken en vries aan. Kook de aardappels in de schil.

Maak een vinaigrette: fruit de sjalotten aan in olijfolie voeg mosterd en truffel toe en blus af met azijn en kippenbouillon. Schil de nog warme aardappels, snijd ze in plakken en leg de plakken (dakpansgewijs) in de vinaigrette. Breng op smaak met peper, zout en bieslook.

Maak de peultjes schoon en blancheer ze.

Bak het geplukte ossenstaartvlees in een deciliter olijfolie krokant.

Maak van de ingekookte fond en truffel een zachte schuim door er met een staafmixer kleine blokjes koude boter door te mixen.

Dresseer de aardappelsalade met truffel en rookvlees. Leg de peultjes eromheen.

Maak af met de ossenstaart en het fond-truffelschuim

Salade van jonge spinazie met gegrilde Sint Jacobs mosselen en Opperdoezer aardappelvinaigrette

VOOR 4 PERSONEN

INGREDIËNTEN

400 gram jonge spinazie (van de koude grond)

260 gram Opperdoezer Ronde aardappels

2 sjalotten

1 blaadje laurier

3 takjes tijm

50 gram bleekselderij

3 teentjes knoflook

1 liter water

18 gram zeezout

2 deciliter kippenbouillon (zie basisrecept)

3 eetlepels witte wijn-edik

3 eetlepels olijfolie

zeezout

100 gram gerookt spek, zeer fijn gesneden en uitgebakken

1 eetlepel bieslook, fijngesneden

8 Sint Jacobs mosselen (in de schelp)

BEREIDINGSWIJZE

Kook alle aardappels in de schil gaar in water met zout, sjalotten, bleekselderij, laurier, tijm en knoflook. Schil de aardappels als ze gaar en nog warm zijn. Bewaar 60 gram aardappel voor een brunoise en duw de overige door een fijne zeef als ze nog warm zijn. Meng de kippenbouillon, edik en olijfolie door de puree en breng op smaak met zeezout. Was ondertussen de spinazie en maak de Sint Jacobs mosselen schoon. Halveer de mosselen, gril ze aan één zijde en bestrooi ze met zeezout. Bewaar ze warm. Snijd een fijne brunoise van de bewaarde aardappel en bak deze. Snijd de spinazie in julienne, maak aan met een beetje olijfolie en breng op smaak met een snufje zeezout. Schep de aardappelvinaigrette als een spiegel op vier borden. Schep de uitgebakken spekjes, de gebakken aardappelblokjes en bieslook om de aardappelvinaigrette. Schep de spinaziesalade erboven op en dresseer er de Sint Jacobs mosselen omheen.

Weckpotje met garnalen

INGREDIËNTEN

6 diepgevroren reuzengarnalen 16/20,

door de helft gesneden

wortel

zilveruitjes (vers)

komkommer

rode paprika

rettich

verse gember, in dunne plakjes gesneden

dashi (zie basisrecept)

suiker

(rijst)azijn

BEREIDINGSWIJZE

Kook de dashi met gember, azijn en suiker tot zoetzuur. Blancheer de schoongemaakte groenten kort en leg ze in de azijn in. Bak de gehalveerde garnalen kort aan in hete olie en schep ze samen met de zoetzure groenten in een weckpotje. Giet hierover de azijn, sluit af en serveer koud.

Tompouce van smeerleverworst, 'toffee' van scharrelvarkensspek en chips van bloedworst met bospeenjam

Tompouce van smeerleverworst

INGREDIËNTEN

- filodeeg
- bloedworstmengsel (zie basisrecept bloedworst)
- 1 eetlepel port
- 1 eetlepel madera
- 200 gram scharrelvarkenslever
- peper uit de molen
- een snufje nootmuskaat
- tijm/ sjalot/ knoflook
- 2 eieren
- 200 gram boter, gesmolten

BEREIDINGSWIJZE

Smeer het filodeeg in met het bloedworstmengsel en bak het deeg krokant af. Breng port, madera, sjalotten, tijm, knoflook en spek met elkaar aan de kook en laat inkoken. Pureer de lever met de eieren in de keukenmachine, zeef de ingekookte portmassa en voeg deze toe. Breng op smaak met zout, peper en nootmuskaat en monteer met de gesmolten, nog warme boter. Dresseer de smeerleverworst op het krokant gebakken filodeeg tot een tompouce. Serveer het gerecht met de chips van bloedworst, de toffee van buikspek en de bospeenjam.

Bloedworst

INGREDIËNTEN

- 1 deciliter varkensbloed
- 100 gram varkensvet, in blokjes
- 20 gram vlees van varkenskop
- 100 gram bloem
- zout, peper, nootmuskaat, kaneel, kruidnagel, anijs
- worstzakken (4 centimeter doorsnee) (slager)

BEREIDINGSWIJZE

Verwarm het bloed au bain marie. Kook de varkenskop gaar en pluk hem. Wel de blokjes varkensvet.
Breng het bloed op smaak met de specerijen en bind het met de bloem. Meng het vet en het vlees met het beslag. Vul de worstzakken en pocheer gaar. Laat de worsten afkoelen, snij ze in dunne plakjes en frituur ze knapperig in de frituurolie.

Toffee van spek

(zie recept bladzijde 104)

Bospeenjam

INGREDIËNTEN

- 500 gram biologische bospeen
- 250 gram geleisuiker
- 1 eetlepel gemberrasp
- 1 eetlepel citroenrasp
- kervel

BEREIDINGSWIJZE

Schil de bospeen en kook ze eerst in water met de gember- en citroenrasp.
Voeg de suiker toe, laat het oplossen en pureer alles tot een fijne jam en laat het goed afkoelen. Garneer met kervel.

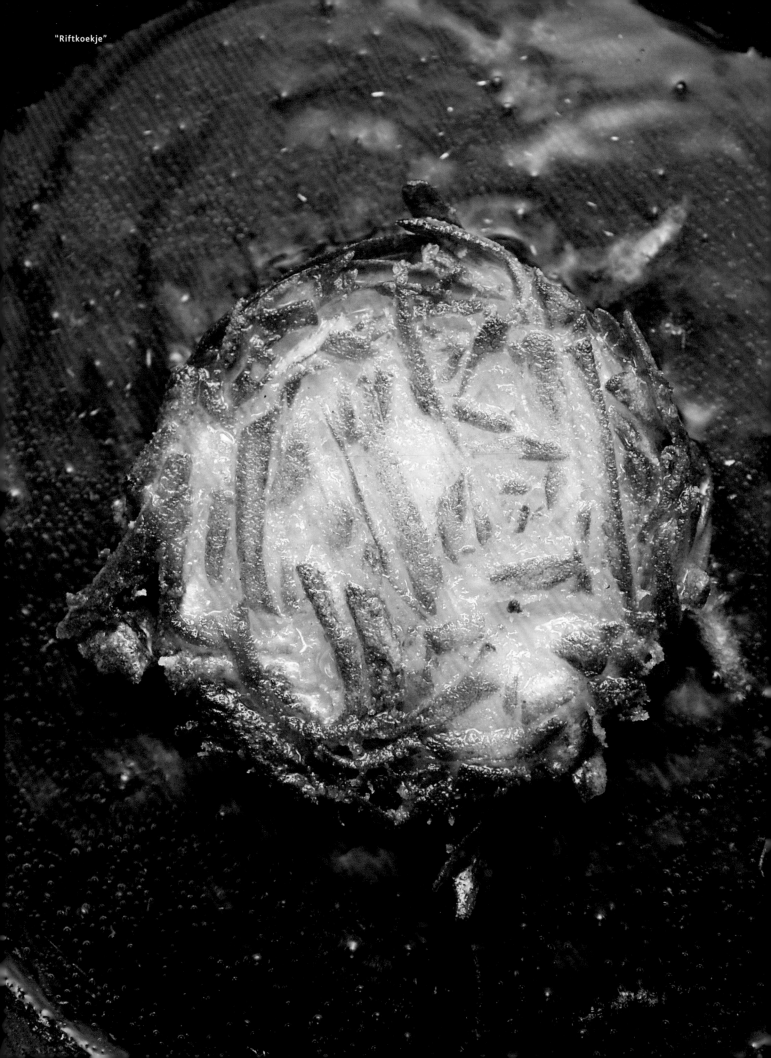
"Riftkoekje"

'Riftkoekjes' met gerookte zalm en kwartelspiegeleitje
(naar idee van Wulf Engel)

INGREDIËNTEN

- 4 aardappels
- 1 sjalotje
- 1 eidooier
- 2 deciliter olie
- 320 gram gerookte zalm
- 12 kwarteleitjes
- 4 takjes kervel
- zout en peper

BEREIDINGSWIJZE

Schil de aardappels en rasp ze met een fijne rasp. Laat de geraspte aardappels op een zeef uitlekken.

Rasp vervolgens het sjalotje ook en meng dit met de aardappelrasp en de eidooier. Bak van deze massa in de tefalpan 12 koekjes zo groot als een poffertje. Bak ook 12 kwartelspiegeleitjes en breng op smaak met peper en zout.

Leg per persoon 3 koekjes op een verwarmd bord. Leg op ieder koekje een plakje gerookte zalm en daarop een spiegeleitje. Garneer met een takje kervel.

Soepen

Aspergesoep met ei

De aspergestukjes en kookvocht die zijn overgebleven na
bereiding van de Brabantse asperges

scheut magere melk

1 hardgekookt ei, fijn gesneden

$^1/_2$ bosje bieslook, gesneden

Laat de asperges, het kookvocht en de melk 15 minuten koken. Houd een paar aspergestukjes apart en pureer de rest met het kookvocht. Voeg hier de stukjes weer aan toe. Verdeel het ei en het bieslook over voorverwarmde borden en schep dan de soep op. Serveer hier twee bruine boterhammen met roomboter bij.

Aspergesoep met gefrituurde ravioli van zult en truffel

aspergestukjes en kookvocht die zijn overgebleven na
bereiding van de Brabantse asperges

scheut slagroom

1 hardgekookt ei, fijngesneden

1 eetlepel bieslook, gesneden

Brabantse zult (zie basisrecept)

raviolideeg (zie basisrecept pastadeeg)

verse wintertruffel (hoeveelheid is afhankelijk van budget)

Laat de asperges en het kookvocht 15 minuten koken en pureer ze. Voeg een scheut slagroom toe en breng op smaak met zout.

Breng de zult op smaak met truffel, verpak in pastadeeg en frituur in hete plantaardige olie van 180 °C.

Serveer per persoon drie stuks ravioli apart op een bordje. Verdeel het ei en het bieslook over voorverwarmde borden en schep daar de soep over.

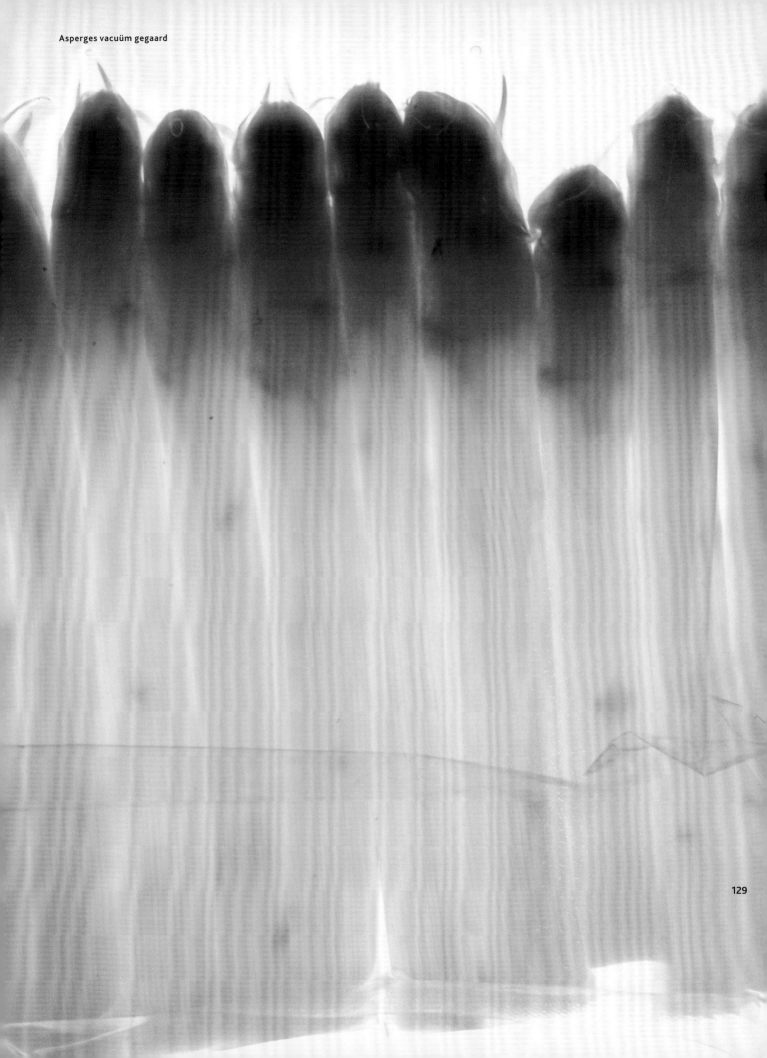

Brabantse tomatensoep met gelaqueerde krabbetjes

VOOR 10 PERSONEN

INGREDIËNTEN

500 gram varkenskrabbetjes

1 kilogram tomaten

200 gram aardappels, geschilde

2 uien, gesnipperd

1 appel, geschild en in stukjes gesneden

1 eetlepel bruine suiker

2 eetlepels appelstroop

1 deciliter jenever

1 mespuntje Chinees vijfkruidenpoeder

zout, peper en nootmuskaat

BEREIDINGSWIJZE

Zet de varkenskrabbetjes op met 1 liter water en breng aan de kook. Laat ze twee uur trekken. Haal de krabbetjes uit de bouillon.

Snijd de tomaten in stukken en voeg ze samen met de aardappels, ui en de appel toe aan de bouillon. Laat het geheel een halfuur koken.

Verwarm ondertussen de oven voor op 180 °C. Laat de appelstroop samen met de jenever, het vijfkruidenpoeder en de bruine suiker koken tot het een gladde vloeibare massa is. Smeer hiermee de gekookte krabbetjes (laqueren) in en rooster ze in de oven.

Roer de soep door een passe-vite en breng op smaak met zeezout, zwarte peper uit de molen en een beetje geraspte nootmuskaat.

Bruine bonensoep

VOOR 20 PERSONEN

INGREDIËNTEN

Voor vette mirepoix:

1 eetlepels boter

100 gram uien, gesnipperd

200 gram wortel, brunoise

400 gram knolselderij, brunoise

1 plak gerookt spek

500 gram gedroogde bruine bonen

5 liter varkensbouillon (of spareribbouillon!)

2,5 deciliter room

3 gram zout

2 blaadjes laurier

2 kruidnagels

BEREIDINGSWIJZE

Week de bruine bonen 24 uur van te voren in ruim koud water. Zweet de mirepoix in de boter aan met het stuk spek.

Blus af met de bouillon. Voeg hier de geweekte bonen, laurier, kruidnagel en het zout aan toe.

Als de bonen gaar zijn (ca. 1 uur), kan alles worden gepureerd. Breng op smaak met slagroom en eventueel wat zout.

Doperwtensoep

VOOR 4 PERSONEN

INGREDIËNTEN

100 gram verse doperwten

1 liter kippenbouillon (zie basisrecept)

1 koolrabi

1 kleine prei, fijngesneden

zout en peper

Garnituur:

palingbroodjes (zie recept)

BEREIDINGSWIJZE

Blancheer de doperwten kort in water met zout en spoel dan af met koud water (bewaar eventueel wat doperwten apart voor het garnituur). Snijd de koolrabi in kleine dobbelsteentjes. Kook de doperwten met de kippenbouillon en pureer ze. Doe ze daarna terug in de pan en voeg de koolrabi toe. Breng het allemaal op smaak met de prei en wat zout en peper.
Serveer de soep met een palingbroodje.

Hacheesoep

INGREDIËNTEN

8 uien

3 teentjes knoflook

1 eetlepel zonnebloemolie

3 blaadjes laurier

1 plakje ontbijtkoek

1 eetlepel rode wijnazijn

500 gram rundvlees in stukjes (stoofvlees of schenkelvlees)

4 plakjes bladerdeeg

eidooier

BEREIDINGSWIJZE

Maak de uien schoon en snijd ze in halve ringen. Fruit ze aan in een eetlepel olie en laat ze goudbruin kleuren. Knijp de knoflook hierin uit en voeg de laurierblaadjes toe. Blus af met de rodewijnazijn. Snijd de ontbijtkoek in stukjes en voeg toe. Doe daarna het vlees erbij en laat het geheel 3 uur trekken. Breng op smaak met zout.
Verwarm de oven voor op 180 °C.
Schep de soep in soepkoppen en dek deze af met bladerdeeg die je insmeert met eidooier.
Zet de soepkoppen in de oven en bak de bladerdeegkorst in 15 minuten af.

Kreeftensoep

2,5 kilogram soepkreeften

1/2 kilogram garnalenpulp

1 deciliter olijfolie

2 uien (schoongemaakt)

1 prei

1 wortel

3 stengels bleekselderij

4 tenen knoflook

3 takjes tijm

1 blaadje laurier

1 sinaasappelschil

4 eetlepels tomatenpuree

50 gram rijst

50 gram bloem

0,5 liter zoete witte wijn (zie basisrecept)

5 liter kippenbouillon

Hak de kreeftenkarkassen en garnalenpulp fijn.
Maak de groente schoon en snijd ze in een grove brunoise.
Fruit de groente aan in de olie. Voeg de tomatenpuree toe en laat even mee fruiten. Voeg de kreeftenkarkassen, sinaasappelschil en garnalenpulp toe en meng goed.
Bestrooi dit alles met de bloem en rijst en blus af met de zoete wijn. Giet de kippenbouillon erbij. Laat 1 uur koken. Zeef eerst door een passevite, daarna door een zeef.
Breng op smaak met zeezout.

Kalfsconsommé met paddestoelen

1 liter kalfsbouillon (zie basisrecept)

200 gram kalfsgehakt

200 gram gemengde, fijn gesneden groenten (zoals prei, wortel en ui)

4 eiwitten

200 gram paddestoelen naar keuze (bijvoorbeeld verse morieljes)

(eventueel 1 theelepel Chinese sesamolie)

bieslook

zout en peper

Maak van het gehakt, de groenten en de eiwitten een 'pap'.
Doe deze in een ruime (soep)pan en giet hierop de (koude) kalfsbouillon. Breng dit langzaam aan de kook en laat het een half uur trekken. Zeef het geheel door een theedoek. Was de paddestoelen en snijd ze in stukjes. Voeg deze toe aan de warme bouillon. Breng de consommé op smaak met bieslook, zout en peper. Serveer hem met bruine toast.

'Prol' met in spek gebakken Zeeuwse oesters (Brabantse preisoep)

INGREDIËNTEN

2 stuks Brabantse (biologische) prei

1 ui, gesnipperd

50 gram gerookt spek, in dobbelsteentjes

100 gram aardappel, geschild

2 liter kippenbouillon (zie basisrecept)

1 deciliter slagroom

zout en zwarte peper uit de molen

50 gram boter, in blokjes gesneden, koud

4 satéstokjes

150 gram gerookt spek, in plakjes

12 oesters

BEREIDINGSWIJZE

Snijd de prei in ringen en spoel het zand eraf.

Zweet de uisnippers aan met de blokjes gerookt spek.

Snijd de aardappel(s) ondertussen in blokjes en voeg toe aan de ui/spek. Blus af met de kippenbouillon en laat 15 minuten koken.

Houd een deel van de prei apart en blancheer deze voor garnituur. Voeg de rest toe aan de soep, laat gaar worden en pureer alles.

Giet de slagroom erbij en breng op smaak met zout en peper. Monteer met de blokjes koude boter. Serveer de soep met een saté van drie in spek gebakken oesters per persoon.

Pompoensoep

INGREDIËNTEN

1 kilogram (muskaat)pompoen

300 gram ui, wortel, prei, knolselderij

1 stukje verse gember

100 gram gerookt spekzwoerd

ongeveer 2 liter kippenbouillon (afhankelijk van hoe dik de soep wordt) (zie basisrecept)

100 gram roomboter

eventueel een scheutje slagroom

Garnituur:

gehaktballetjes, worstjes, kreeft, gerookte paling of garnalen of een bruine tosti van gerookte makreel

BEREIDINGSWIJZE

Maak de groenten schoon en snijd ze in gelijkmatige blokjes. Hol de pompoenschil uit en snijd het vruchtvlees in stukken. Schil de gember en snijd deze in plakjes.

Zweet het spekzwoerd aan in een beetje olijfolie, doe de groenten en de gemberplakjes erbij en laat vervolgens de pompoen mee fruiten. Blus af met de kippenbouillon en laat in ongeveer 1 uur gaar koken.

Pureer en zeef de soep. Breng op smaak met zout en peper en monteer met boter en wat slagroom. Voeg eventuele losse garnituur op het laatste moment aan de warme soep toe of serveer de soep met een tosti van gerookte makreel.

Serveer de soep in de uitgeholde pompoen.

Zeeuwse mosselen met mandarijn en stokvisthee

INGREDIËNTEN

Voor de stokvisthee:

500 gram stokviskoppen (of 50 gram gedroogde
bonitovlokken)

2 liter water

sojasaus (Kikkoman)

Zeeuwse keukenstroop

Voor de mosselen:

2 eetlepels olijfolie

1 sjalotje, fijngesneden

4 eetlepels brunoise van wortel, lente-ui en knolselderij

1 kilogram Zeeuwse mosselen

geraspte schil van 1 mandarijn

BEREIDINGSWIJZE

Trek van de stokviskoppen of bonitovlokken met 2 liter
water een thee, zeef deze en breng op smaak met sojasaus en
stroop.

Verhit voor de mosselen een beetje olie in een pan en fruit
hierin het sjalotje en de groentebrunoise aan.

Voeg de mosselen toe en laat ze mee fruiten tot de schelpen
opengaan; neem ze eruit en houd ze apart.

Dresseren:

Verdeel de mosselen over mokkakopjes met daarop de
fijngesneden groenten en de geraspte mandarijnschilletjes.
Giet de stokvisthee er à la minute overheen.

Aubergineschnitzeltjes met stroop en salade van radijs

STEEK VOORDAT JE BEGINT DE BARBECUE AAN

INGREDIËNTEN

2 aubergines

2 deciliter olijfolie

1 deciliter stokvisbouillon of kippenbouillon (zie basisrecept)

2 eetlepels stroop

1 deciliter sojasaus (Kikkoman)

zout

1 bosje radijs

1 deciliter plantaardige olie

bloem, ei, vers broodkruim

BEREIDINGSWIJZE

Snijd de aubergines in plakken en gaar ze door ze óf aan beide zijden aan te bakken in olijfolie óf door ze te stomen. Rooster ze daarna op de barbecue. Als je geen barbecue hebt, paneer de gare plakken dan in bloem, ei en vers broodkruim (à l'Anglaise) en bak ze in ruim olie tot ze gaar zijn. Maak ondertussen de marinade: breng bouillon aan de kook en breng op smaak met de stroop en sojasaus. Leg de geroosterde of gebakken aubergines vijf minuten in de marinade. Breng op smaak met wat zout. Rasp de helft van de radijsjes op een fijne rasp en snijd de rest in dunne plakjes. Dresseer ten slotte de aubergine met de radijsjes en wat marinade op borden.

Brabantse asperges

2,5 kilogram asperges AA

zeezout

4 scharreleitjes

4 plakken mooie beenham

100 gram boter, gesmolten

$^1/_2$ bosje peterselie

1 kilogram 'nieuwe' aardappels

BEREIDINGSWIJZE

Schil de asperges goed en snijd 2 cm van de onderkant af. Bewaar deze stukjes voor de aspergesoep (zie basisrecept).

Zet de asperges in een ruime pan voor tweederde onder koud water, breng ze op smaak met een eetlepel zeezout en dek de pan af met keukenpapier.

Breng aan de kook en laat 1 minuut doorkoken. Laat ze dan afkoelen in het kookvocht.

Kook de aardappels in de schil gaar met zout.

Kook de eieren 7 minuten. Laat ze schrikken en pel ze.

Was en pluk de peterselie en hak deze fijn.

Serveren:

Schil de aardappels. Maak de ham warm in een beetje kookvocht van de asperges. Warm de asperges op in het kookvocht, hak de eieren en maak het haksel warm in de gesmolten boter. Voeg de peterselie toe. Giet het kookvocht niet door de gootsteen, maar bewaar het voor de aspergesoep. Dresseer de ham samen met de asperges en de aardappels op borden en schep de ei/botersaus over de asperges.

Gegrilde asperges met een vinaigrette van zult, zacht ei en truffel

INGREDIËNTEN

12 asperges

2 zacht gekookte eieren (4 minuten)

20 gram wintertruffel

4 eetlepels zult (zie basisrecept zult)

1 eetlepel gesneden bieslook

zeezout, zwarte peper uit de molen

60 gram overrijpe Stolwijker kaas

BEREIDINGSWIJZE

Schil de asperges en breng ze aan de kook in water met zout onder een stuk keukenpapier. Kook de asperges één minuut en laat ze dan afkoelen in het kookvocht.

Steek de barbecue aan en wacht tot de houtskool gloeit. Verwarm de zult in een pan, zodat het smelt. Rasp de truffel fijn in de zult, hak de eieren in kleine stukjes en voeg deze aan de zult toe. Breng op smaak met bieslook, zout en peper.

Snijd de asperges in de lengte door en rooster ze op de barbecue.

Serveer ze met de zult-ei-truffelvinaigrette en rasp daaroverheen de oude kaas in vlokken.

Gefrituurde Brabantse asperges met een dipsaus van soja en haring

INGREDIËNTEN

INGREDIËNTEN

12 asperges

bloem, eiwit en vers paneermeel

1 nieuwe haring

1 theelepel gesneden bieslook

3 eetlepels sojasaus (Kikkoman)

3 eetlepels kippenbouillon(zie basisrecept)

1 theelepel gembersiroop

BEREIDINGSWIJZE

Schil de asperges en breng ze aan de kook in water met zout onder een stuk keukenpapier. Laat de asperges één minuut koken en laat ze dan afkoelen in het kookvocht. Maak ondertussen de dipsaus door de sojasaus met de kippenbouillon en de gembersiroop te mengen en de nieuwe haring in kleine blokjes toe te voegen. Maak af met de fijngesneden bieslook. Paneer de asperges in bloem, eiwit en verse paneermeel en frituur ze op 180 °C.

Serveer de saus apart.

Gebakken Brabantse asperges met tuinbonen, morieljes en kippenvleugeltjes

INGREDIËNTEN

2 kilogram asperges

1 kilogram tuinbonen

500 gram verse morieljes

10 gram gedroogde morieljes

0,5 deciliter madera

2 deciliter slagroom

16 kippenvleugels

100 gram kippenvlees

100 gram vetspek

100 gram reuzengarnalen

2 eieren

1 deciliter slagroom

100 gram roomboter, geklaard

3 deciliter olijfolie

20 gram sjalotten, gesnipperd

60 gram Brabantse ham (gerookt/gedroogd)

zeezout en zwarte peper uit molen

Om te paneren:

bloem, ei en vers paneermeel

Garnituur:

aardappelpuree (zie basisrecept)

BEREIDINGSWIJZE

Schil de asperges. Maak de tuinbonen schoon en dop ze dubbel. Zet de asperges net onder water, voeg zout toe en breng ze onder keukenpapier aan de kook. Laat ze 1 minuur doorkoken en laat ze dan in het kookvocht afkoelen.

Blancheer de tuinbonen in ruim kokend water met 20 gram zout per liter water. Ontbeen de kippenvleugels, maar laat de vleugels wel heel. Draai van het vet, kippenvlees, de reuzengarnalen en de eieren een gehakt in de gehaktmolen, pureer dit in de keukenmachine en monteer met de slagroom. Breng op smaak met zeezout.

Zorg dat alle ingrediënten ijskoud blijven! Vul de vleugels met deze farce.

Laat voor de saus de gedroogde morieljes weken in madera. Vul aan met water tot ze onder staan. Borstel de verse morieljes goed schoon, verwijder de steeltjes en snijd ze in de lengte door. Kook het weekvocht met de slagroom in tot sausdikte en breng op smaak met zout. Verwarm de oven voor op 200 °C en bak hierin de gevulde kippenvleugeltjes in ca. 15 minuten gaar.

Dep de afgekoelde asperges goed droog en paneer ze in bloem, ei en vers paneermeel. Bak ze goudbruin in half olijfolie en half geklaarde boter. Stoof de morieljes en de tuinbonen met de boter, reepjes Brabantse ham en het gesnipperde sjalotje. Breng op smaak met zeezout.

Serveer de gebakken asperges met aardappelpuree, saus, gebakken kippenvleugeltjes en de morieljes met tuinbonen.

Gegrild eekhoorntjesbrood met gepofte kastanjes en peterselie-knoflookjus

INGREDIËNTEN

1 kilogram tamme kastanjes

500 gram vers eekhoorntjesbrood (of wilde paddestoelen)

1 deciliter kippenbouillon (zie basisrecept)

0,5 deciliter olijfolie

zout en peper uit de molen

1/2 bosje peterselie (platte blaadjes), fijngehakt

3 teentjes knoflook

1 deciliter olijfolie of boter

BEREIDINGSWIJZE

Steek de barbecue aan en schenk voor jezelf een glas mooie rode wijn in (het liefst Côte du Rhône of Chateau Neuf du Pape).

Snijd ondertussen de kastanjes in en pof ze (een uur) in een zware pan op het vuur. Borstel dan het eekhoorntjesbrood zorgvuldig (droog) schoon en snijd ze doormidden.

Als de kastanjes gepoft zijn – ze moeten goed gaar zijn – haal je ze uit de schil. Pureer ze in een keukenmachine met wat bouillon en olijfolie. Breng op smaak met zout en peper en houd ze warm. Smeer dan het eekhoorntjesbrood in met olijfolie. Rooster het op de barbecue gaar en breng op smaak met zeezout en peper uit de molen. Laat ondertussen olie of boter in een pan heet worden (of laat met boter uitbruisen) en pers de knoflook hierin uit. Voeg de peterselie toe en haal gelijk van het vuur. Breng op smaak met peper en zout en serveer over het geroosterde eekhoorntjesbrood.

Serveer met de kastanjepuree. Rooster eventueel een stukje spek mee en serveer dat erbij.

Friese boerenkool

INGREDIËNTEN

350 gr gerooktspek

450 gram ganzenvet

2 kilogram boerenkool, schoongemaakt en fijngesneden (in de Magimix)

3 uien, fijngesneden

2 teentjes knoflook

4 uien

100 gram havermout

3 deciliter kippenbouillon (zie basisrecept)

zout en peper

vetvrij papier

BEREIDINGSWIJZE

Blancheer de boerenkool eerst in ruim kokend water met 18 gram zout per liter water.

Bak ondertussen het spek uit in een beetje ganzenvet. Voeg de uisnippers toe en fruit ze aan. Pers dan de knoflook boven de pan uit. Voeg dan de geblancheerde boerenkool toe, met de rest van het ganzenvet en de bouillon. Strooi er peper en zout over.

Leg vetvrij papier op de boerenkool en doe het deksel op de pan. Laat ongeveer één uur stoven. Strooi de havermout erover als de boerenkool gaar wordt. Deze moet minimaal 10 minuten stoven om smeuïg te worden en te binden.

Friese sla met Eigenheimer, spekjes en oude nagelkaas

INGREDIËNTEN

400 gram Eigenheimers

2 stuks kropsla

200 gram gerookt spek, in blokjes

1 deciliter zonnebloemolie

2 sjalotjes, gesnipperd

4 eetlepels witte wijnazijn

zeezout

zwarte peper uit de molen

100 gram oude Friese nagelkaas

BEREIDINGSWIJZE

Laat de aardappels in de schil gaar koken. Was ondertussen de sla grondig schoon en droog ze in een slacentrifuge.

Bak het spek uit in de olie.

Dresseer de jonge blaadjes van de kropsla op borden. Schil de aardappels als ze gaar zijn en verdeel de warme aardappels over de sla. Maak een dressing van sjalotjes, azijn, de blokjes spek en het vet. Breng op smaak met peper en zout. Giet de dressing over de aardappels en slablaadjes. Maak het gerecht af door de er grof geraspte nagelkaas over te strooien.

Jachtschotel van kapucijners met geglaceerd spek

INGREDIËNTEN

200 gram kapucijners

40 gram gerookt spek, uitgebakken

20 gram sjalotjes, gesnipperd

peper en zout

aardappelpuree (zie basisrecept)

Om te gratineren:

wit broodkruim en boter

BEREIDINGSWIJZE

Dop de kapucijners en blancheer ze. Stoof ze op in boter met de spekjes en sjalotjes. Breng op smaak met peper en zout. Dresseer ze in diepe borden. Bedek ze met aardappelpuree en gratineer dit in de oven met wit broodkruim en een klontje boter.

Leg hier voor het serveren twee plakjes geglaceerd spek bovenop.

Geglaceerd buikspek

INGREDIËNTEN

1 kilogram buikspek van Baambrugs big

1 liter water

1 deciliter jenever

0,5 deciliter soja

2 eetlepels appelstroop

3 kruidnagels

1 stukje gember

BEREIDINGSWIJZE

Breng alles samen aan de kook, schuim af en kook tot het vlees gaar en mooi geglaceerd is (reken op ongeveer 3 uur).

Gefrituurd scharrelei met spinazie in stroop en gerookte paling

INGREDIËNTEN

INGREDIËNTEN

500 gram spinazie

20 gram zout per liter water

1 deciliter sojasaus (Kikkoman)

1 deciliter stokvis- of kippenbouillon (zie basisrecept)

2 eetlepels stroop

1 theelepel sesamolie

1 theelepel geroosterde sesamzaadjes

4 scharreleieren

Om te paneren:

bloem, eiwit en paneermeel

Garnituur:

120 gram fileerde gerookte paling

BEREIDINGSWIJZE

Was de spinazie goed en blancheer deze in ruim kokend water met zout. Maak daarna goed droog. Breng de sojasaus, bouillon en stroop aan de kook, voeg sesamolie toe naar smaak en laat hierin de koude spinazie een uur marineren.

Kook ondertussen de eieren 5 minuten. Laat ze schrikken, pel ze en paneer ze in bloem, eiwit en verse paneermeel.

Verwarm de frituurpan voor op 180 °C.

Snijd de paling in reepjes.

Frituur de eieren.

Serveer de spinazie met de marinade en de geroosterde sesamzaadjes.

Leg er een gefrituurd ei op en de dresseer de stukjes paling eromheen.

Raapsteeltjes met zilveruitjes, rolmops van verse haring en bietenstroop

INGREDIËNTEN

500 gram raapsteeltjes

500 gram zilveruitjes (vers)

1 blaadje verse laurier

$^1/_2$ eetlepel sinaasappelrasp

1 eetlepel olijfolie

bonitovlokken of dashipoeder

1 eetlepel sojasaus (Kikkoman)

100 gram rietsuiker

2 deciliter witte wijnazijn

300 gram bieten

50 gram keukenstroop

8 verse haringen

50 gram aardappelzetmeel

BEREIDINGSWIJZE

Maak de zilveruitjes schoon en laat ze met water, azijn, sinaasappelrasp en het blaadje laurier gaar koken.

Breng op smaak met zout en suiker. Was en pluk de raapsteeltjes.

Maak à la minute aan met het kookvocht van de zilveruitjes en met olijfolie.

Maak de haring schoon en verwijder eventuele graatjes.

Dek af en bewaar koud. Maak een thee van de bonitovlokken of dashipoeder, breng op smaak met sojasaus en suiker en maak zuur met azijn. Kook de bieten gaar en schil ze.

Pureer ze en kook ze door met de keukenstroop.

Haal de haringen door het aardappelzetmeel en frituur ze in olie op 180 °C. Leg ze daarna 15 minuten in de azijn en dresseer ze met de salade van raapsteeltjes en zilveruitjes. Garneer dit met de bietenstroop.

Gestoofde artisjokken

INGREDIËNTEN

12 artisjokken

een stuk zwoerd

4 sjalotten, in ringen gesneden

1 winterwortel, schoongemaakt en in plakken gesneden

3 teentjes knoflook

1 blaadje laurier

3 takjes tijm

2 deciliter olijfolie

2 deciliter kippenbouillon (zie basisrecept)

2 deciliter witte wijn

pistou (zie basisrecept basilicumpuree)

takjes bieslook en kervel

zout en peper uit de molen

BEREIDINGSWIJZE

Maak de pistou volgens het basisrecept.

Maak de artisjokken schoon: breek de steel eraf, snijd de bladeren 2/3 af, snijd de bodem in 6 stukjes in puntjes en snijd met een aardappelschilmesje bij.

Zet een grote pan op het vuur en verhit het zwoerd met de olijfolie. Voeg knoflook, ringen sjalot, winterwortel, laurier en de tijm toe en laat 3 minuten stoven.

Voeg vervolgens de artisjokken toe en blus af met de wijn en de bouillon. Laat alles in ongeveer 10 minuten gaar stoven. (Pas op dat de artisjokken niet te gaar worden!) Breng op smaak met zout en peper uit de molen. Voeg de pistou pas toe als de pan van het vuur is.

Garneer met de bieslook en de kervel.

Prei-jachtschotel

INGREDIËNTEN

400 gram aardappelpuree (zie basisrecept)

600 gram prei, gestoofd

1 ui, gesnipperd en gaar gestoofd

320 gram grootmoeders stoofvlees (zie recept)

320 gram zoetzure prei (zie basisrecept)

4 eetlepels vers broodkruim

BEREIDINGSWIJZE

Verwarm de oven voor op 220 °C. Schep de gestoofde prei en ui in een beboterd ovenschaaltje. Spuit hier de aardappelpuree uit een spuitzak en een gladde spuit, overheen. Strooi het verse broodkruim erover en bak 10 minuten af in de oven.

Verwarm ondertussen het vlees en snijd de zoetzure prei in 12 stukjes van 3 cm.

Haal de jachtschotel uit de oven, dresseer en verdeel het vlees hierover. Garneer met de zoet-zure prei.

Stamppot van Friese sla met paling geglaceerd met stokvisthee en stroop

INGREDIËNTEN

2 deciliter stokvisbouillon (zie basisrecept)

1 eetlepel stroop

200 gram duimdikke verse paling

FRIESE SLA

1 krop sla

500 gram Eigenheimer aardappels

160 gram gerookte spekblokjes

1 deciliter zonnebloemolie

1 gesnipperd sjalotje

0,5 deciliter witte wijn azijn

zout en zwarte peper uit de molen

BEREIDINGSWIJZE

Breng de stokvisbouillon en de stroop aan de kook. Voeg de paling (in mootjes gesneden) toe en laat deze samen met het vocht ongeveer 10 minuten inkoken, zodat de mootjes glaceren en uiteindelijk droog in de pan komen te liggen. Dresseer de mootjes paling op verwarmde borden.

Geef er 's winters een stamppotje bij van groene kool, en 's zomers van Friese sla.

Het stamppotje van Friese sla wordt gemaakt van kropsla, geprakte aardappel en spekjes, met een saus van spekvet en azijn.

Tempura

INGREDIËNTEN

Voor het beslag:

1 eidooier

2 deciliter ijswater

100 gram bloem

Voor de vulling:

2 reuzengarnalen

1 rode paprika

1 aubergine

100 gram sperzieboontjes

Voor de saus:

1 deciliter dashi (zie basisrecept)

of 1 stuk kombu

(eventueel dashipoeder)

bonitovlokken

0,5 deciliter sojasaus (Kikkoman)

1 deciliter mirin

1 deciliter saké

1/8 rettich

BEREIDINGSWIJZE

Maak de dashi door het stuk kombu in 0,5 deciliter water vijf minuten te koken en maak het op smaak met de bonitovlokken en de sojasaus. Zeef het mengsel.

(Eventueel kan je de dashi ook met dashipoeder maken volgens het recept op de verpakking.)

Kook de mirin tot de helft in, voeg dan de saké toe en kook weer tot de helft in. Breng de ingekookte saké op smaak met de dashi en sojasaus. Rasp de rettich, spoel af met koud water en laat in een zeef uitlekken. Verhit de frituurpan met schone olie op 180 °C.

Maak de groenten en de vis schoon en snijd in mooie repen. Bestuif ze met bloem.

Maak het tempurabeslag à la minute. Haal de repen groenten en de vis één voor één door het beslag en frituur ze.

Serveer met de saus in een apart schaaltje, met daarin de rettich.

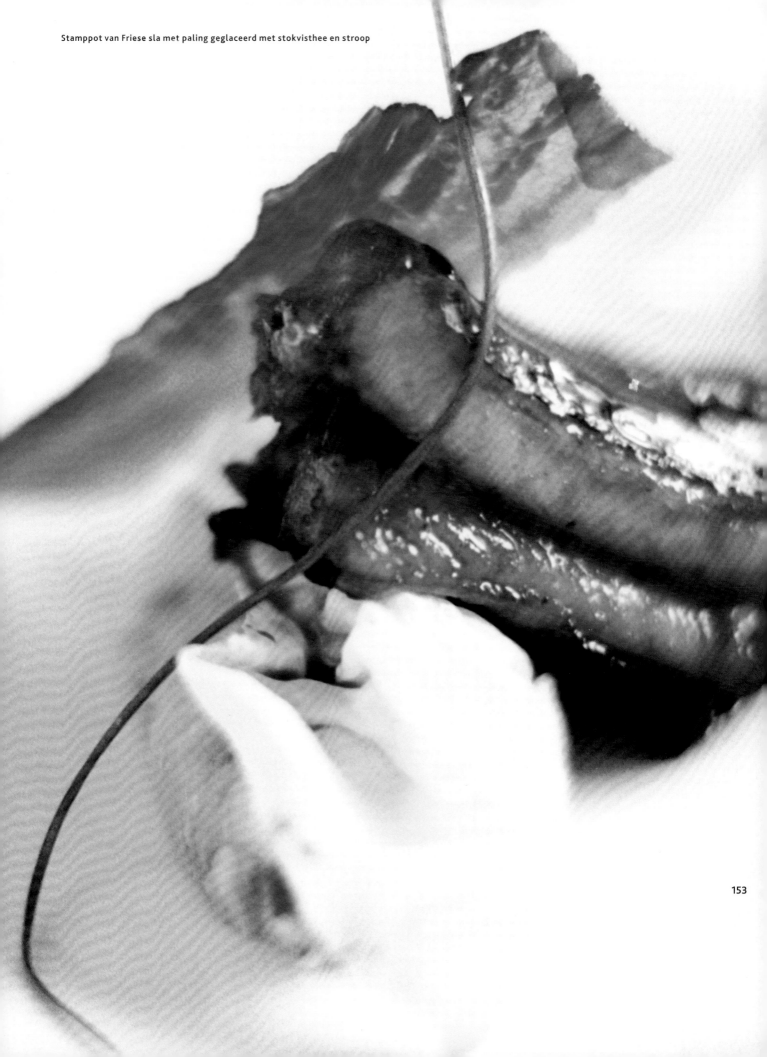

Rauwkost van meiknolletjes met Zeeuwse kreeft, zeekraal en artisjok

8PERSONEN

INGREDIËNTEN

1 kilogram meiknolletjes

1 centimeter verse gember

500 gram zeekraal

16 artisjokken, violet

2 kilogram Zeeuwse kreeft

1 kilogram kipkarkassen

1 eetlepel witte wijnazijn

50 gram rietsuiker

1 deciliter olijfolie

20 gram gerookt spek

100 gram sjalotten

1/2 bosje peterselie

25 gram boter

BEREIDINGSWIJZE

Trek kippenbouillon van de kipkarkassen.

Schil de meiknolletjes, snijd ze in zeer fijne plakjes en zet ze een halfuur in zout water totdat ze zacht zijn geworden. Passeer ze door een zeef.

Rasp de gember fijn en kook de rasp met witte wijnazijn en suiker.

Laat de marinade afkoelen en giet deze op de meiknolletjes.

Blancheer de kreeften in zout water (met 20 gram zeezout per liter).

Bewaar de kreeften in hun karkas.

Maak van de kreeftenkoppen en de kippenbouillon kreeftensaus (zie recept kreeftensoep).

Maak de artisjokken schoon en bereid ze à la barigoule (basisbereiding).

Maak een pesto van de peterselie.

Maak de zeekraal schoon.

Snipper de sjalotten.

Portioneer de kreeften in hun karkas en bak deze à la minute in boter.

Fruit de zeekraal aan met sjalotjes in boter.

Meng de meiknolletjes met de zeekraal en dresseer ze.

Kook de kreeftensaus goed in, breng op smaak en dresseer.

Leg hierop de kreeft en daaromheen de stukjes artisjok in peterseliejus.

Koude spinazie met stroop

INGREDIËNTEN

500 gram spinazie

20 gram zout per liter water

1 deciliter sojasaus (Kikkoman)

1 deciliter stokvis- of kippenbouillon (zie basisrecept)

2 eetlepels stroop

1 theelepel sesamolie

1 theelepel geroosterde sesamzaadjes

BEREIDINGSWIJZE

Was de spinazieblaadjes zorgvuldig en blancheer ze in ruim kokend water met zout. Maak de spinazie daarna goed droog en laat afkoelen. Breng de sojasaus, bouillon en stroop aan de kook en breng op smaak met sesamolie. Marineer hierin de afgekoelde spinazie gedurende één uur. Rol daarna de spinazie in een keukendoek strak op en snijd er rondelles van. Serveer met de marinade en met geroosterde sesamzaadjes.

Spinaziepuree met gefrituurd ei

INGREDIËNTEN

500 gram verse spinazie

1 uitje, gesnipperd

4 eieren

scheutje azijn

120 gram aardappelpuree (zie basisreecept)

8 of 12 reepjes gerookte paling

zout en peper

Om te paneren:

Bloem, eiwit, vers broodkruim

Voor de bechamelsaus:

25 gram boter

25 gram bloem

0,5 liter melk

BEREIDINGSWIJZE

Maak de spinazie schoon en stoof kort in boter met het gesnipperde uitje, zout en peper. Giet goed af, pureer in de keukenmachine en bewaar warm.

Pocheer de eieren 4 minuten in water met een scheutje azijn. Spoel ze af met koud water. Paneer de eieren met bloem, eiwit en broodkruim en frituur ze in korte tijd goudbruin.

Laat voor de bechamelsaus de boter uitbruisen, voeg de bloem toe en laat gaar worden. Giet de koude melk erbij en roer tot een gladde saus. Voeg de spinazie toe en roer tot een glad mengsel.

Spuit de aardappelpuree in een cirkel op het bord. Vul de cirkel met spinaziepuree en dresseer het gefrituurde ei erop. Leg er paar een reepjes gerookte paling bij.

Tuinbonen van de barbecue met piccalilly

INGREDIËNTEN

1 kilogram tuinbonen

piccalilly (zie basisrecept)

zeezout

BEREIDINGSWIJZE

Steek de barbecue aan en laat heet worden. Laat hierop de tuinbonen in de peul roosteren (maar niet aanbranden!).

Haal na ongeveer 5 minuten de bonen van het vuur en dop ze.

Bestrooi ze met zeezout en serveer ze met piccalilly.

Vegetarische hachee van shii-take

INGREDIËNTEN

100 gram shii-take

0,5 deciliter ketjap

2 blaadjes laurier

50 gram aardappelzetmeel

$^1/_2$ ui, gesnipperd

600 gram hete bliksem (zie basisrecept)

200 gram bieten-pickles (zie basisrecept)

BEREIDINGSWIJZE

Kook de ketjap in met ui en laurier tot een lichte stroop en passeer daarna door een bolzeef. Snijd de shii-take en maak aan met aardappelzetmeel. Frituur de shii-take tweemaal op 180 °C en glaceer ze daarna in de ketjapstroop.

Serveer met hete bliksem en bieten-pickles.

Gestoofde artisjokken zoals in de Provence

12 artisjokken "violet"

100 gram witte bonen (bijvoorbeeld "Haricot Coco")

1 grote rode paprika

een stuk zwoerd

$^1/_2$ bol knoflook

4 sjalotten, in ringen gesneden

1 blaadje laurier

3 takjes tijm

1 deciliter olijfolie

1 deciliter kippenbouillon

1 deciliter witte wijn "Chateau Vieille Ferme"

2 eetlepels pistou (basisrecept basilicumpuree)

een paar takjes bieslook en kervel

zout en peper uit de molen

Maak de pistou volgens het basisrecept. Steek de barbecue aan en rooster de papika. Maak de witte bonen schoon en blancheer ze. Schil de artisjokken met een aardappel-schilmesje, maar laat de steel er aan zitten.

Zet een grote pan op het vuur. Verhit het zwoerd in de olijfolie. Voeg knoflook, sjalotringen, laurier en tijm toe. Voeg dan de artisjokken en de witte bonen toe. Blus af met de wijn en de bouillon en laat alles in ongeveer 15 minuten gaar stoven. Breng op smaak met zout en peper uit de molen. Voeg de pistou toe als de pan van het vuur is.

Rooster ondertussen lamskoteletjes of ander vlees of vis op de barbecue. Serveer dit samen met de rode paprika en de artisjokken en garneer het met kervel en bieslook.

Slavinkjes van kardoen met basilicum met saté van lam

12 stengels kardoen

12 plakjes gerookt spek

4 sjalotten, in ringen gesneden

3 teentjes knoflook

1 blaadje laurier

3 takjes tijm

1 deciliter olijfolie

1 deciliter kippenbouillon (zie basisrecept)

1 deciliter witte wijn

basilicumpuree (zie basisrecept)

takjes bieslook en kervel

zout en peper uit de molen

Voor de saté:

360 gram lamsnekvlees

Marinade:

1 deciliter ketjap (ABC)

1 limoen, sap en schil

1 theelepel (Chinese) sesamolie

1 chilipeper, fijngesneden

1 centimeter vers geraspte gember

Maak de kardoenstengels schoon, schil ze met een dunschiller en snijd ze in stukken van 5 centimeter. Omwikkel ze met het spek als slavinkjes.

Zet een pan met een dikke bodem op het vuur en bak in de olijfolie de slavinkjes rondom goudbruin, voeg knoflook, ringen sjalot, laurier en tijm toe. Blus af met de wijn en de bouillon. Stoof alles in ongeveer 15 minuten gaar en breng op smaak met zeezout en peper uit de molen. Steek in de tussentijd de barbecue aan. Voeg de basilicumpuree pas toe als de pan van het vuur is.

Snijd de lamsnek in kleine stukjes en marineer met de marinade. Rijg de stukjes lamsnek aan satéprikkers en rooster ze gaar op de barbecue. Haal ze daarna nog een keer door de marinade en rooster ze nog heel even. Serveer ze bij de slavinkjes.

Vlees-, vis-, wild- en gevogeltegerechten 163

Andijviestamppot met kalfsrosbief en gerookte zoete uien

INGREDIËNTEN

1,5 kilogram andijvie of krulandijvie

800 gram Eigenheimers, geschild

300 gram gerookt spek, in blokjes, uitgebakken

500 gram sjalotjes of zilveruitjes (vers)

1 theelepel honing

1 deciliter rode wijn

3 takjes tijm

400 gram kalfsrosbief

mosterd

scheutje azijn

zout

BEREIDINGSWIJZE

Maak de sjalotjes of zilveruitjes schoon. Laat de honing smelten in een koekenpan en voeg dan de sjalotjes of zilveruitjes en de tijm toe. Laat dit geheel karameliseren, blus het af met de rode wijn en glaceer tot de uien gaar zijn. Leg ze dan op een rooster en rook ze in een pannetje waarin wat rookmeel boven het vuur aan het schroeien is gebracht. Rook gedurende 15 minuten.

Kook in de tussentijd de aardappels met de deksel op de pan.

Snijd de andijvie fijn, was en laat uitlekken.

Stamp de aardappels fijn, zodra ze gaar zijn.

Stamp de rauwe andijvie door de aardappels en voeg de blokjes uitgebakken gerookt spek toe. Breng het gerecht op smaak met zout, peper, mosterd en wat azijn. Terwijl de aardappels koken, kun je de oven voorverwarmen op 200 °C en de kalfsrosbief zouten en peperen. Smeer het in met mosterd en braad kort aan in een pan.

Braad het dan rosé (ca. 12 minuten) in de oven. Serveer alles op één bord met een beetje kalfsjus eroverheen.

Barbecue geroosterde-gehaktbal met bloemkoolmayonaise en nootmuskaat

INGREDIËNTEN

400 gram half om half gehakt

1 sjalotje, gesnipperd

1 eetlepel gladde mosterd

1 ei

1 eetlepel vers bruin broodkruim

zout, peper

hele nootmuskaat (met rasp)

1 bloemkool

1 eetlepel gesneden bieslook

0,5 liter mayonaise (zie basisrecept)

1 kropsla

BEREIDINGSWIJZE

Maak het gehakt aan met sjalotsnippers, mosterd, ei, broodkruim en breng op smaak met zout, peper en nootmuskaat.

Vorm van het gehakt 4 grote, platte "hamburgers" en leg ze in de diepvries.

Steek in de tussentijd de barbecue aan.

Snijd de bloemkool in roosjes en blancheer ze.

Maak mayonaise.

Maak de bloemkool aan met de mayonaise en bieslook.

Was de sla goed, centrifugeer droog en snijd in vieren.

Rooster de platte gehaktballen op de barbecue, serveer met de kropsla en de bloemkoolmayonaise en maak af met geraspte nootmuskaat.

Bapao van Brabantse hazenpeper met rode koolsambal

INGREDIËNTEN

8 hazenvoorlopers (voorpoten)

1 eetlepel bloem

3 eetlepels olijfolie

1 fles rode wijn

2 uien

¹/₂ prei

1/8 knolselderij

1 winterwortel

3 tenen knoflook

1 theelepel tomatenpuree

2 blaadjes laurier

3 takjes tijm

2 plakken gewone ontbijtkoek

1 theelepel jeneverbessen

1 eetlepel pure chocolade

1 eetlepel kandijsuiker

1 eetlepel aalbessengelei

zout en zwarte peper uit de molen

brooddeeg (zie recept worstenbroodjes)

Garnituur:

Rodekoolsambal (zie basisrecept)

BEREIDINGSWIJZE

Strooi zout, peper en bloem over de hazenvoorlopers en bak ze aan in een voldoende grote pan, voeg tomatenpuree toe, blus af met rode wijn en breng aan de kook.

Voeg na een uur de rest van de ingrediënten toe en laat het geheel koken tot het vlees gaar is. Schep dan de voorlopers uit de saus, zeef de saus en breng hem op smaak.

Pluk het vlees van de botjes en voeg bij de saus. Laat deze afkoelen en vorm tot kleine bolletjes (eventueel in de diepvries). Verpak de bolletjes in brooddeeg, laat de bapao's even rijzen en stoom ze dan gaar.

Serveer met rode koolsambal.

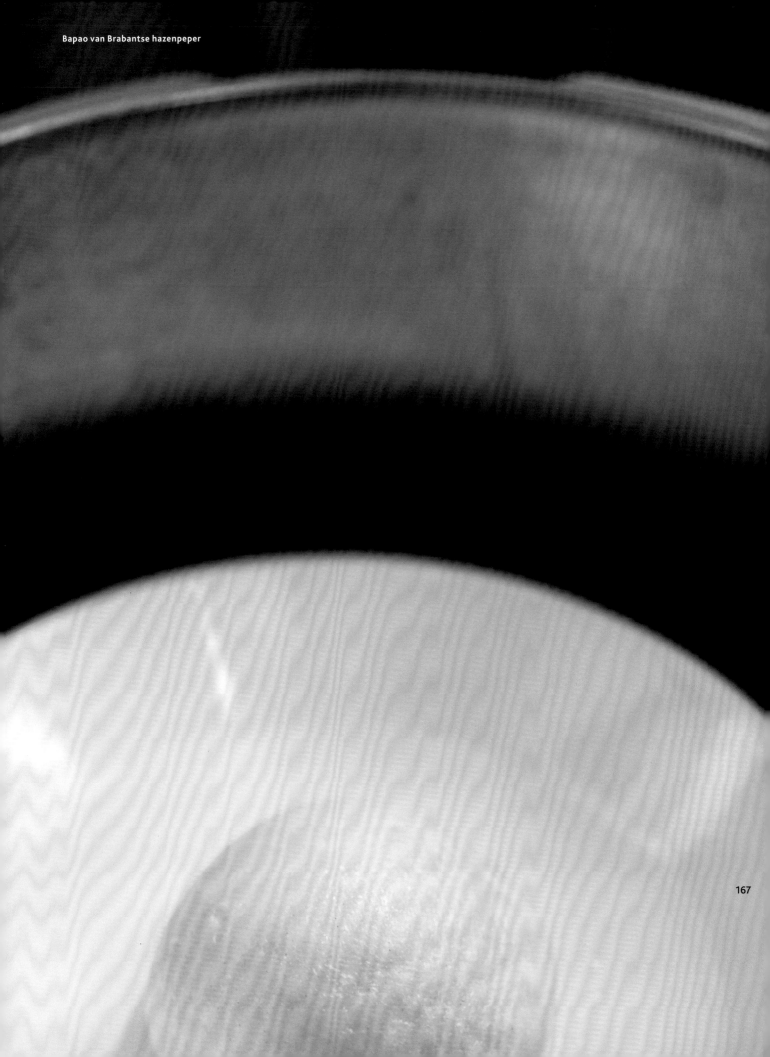

167

'Blote billen in 't gras' kalfszwezerik in vermicelli gebakken met zoetzure kalfshachee

INGREDIËNTEN

Voor de zwezerik:

50 gram kalfszwezerik

kataifi (Marokkaanse vermicelli)

Voor de hachee:

200 gram kalfsparures (afsnijdsels)

3 sjalotten

2 blaadjes laurier

1 gezoute citroen in reepjes

azijn

bruine suiker

2 deciliter kalfsfond

Voor Blote billen in het gras:

150 gram verse witte bonen

150 gram snijbonen

100 gram zeezout

gerookt spek in dobbelsteentjes, uitgebakken

BEREIDINGSWIJZE

Spoel en blancheer de kalfszwezerik. Rol hem in de vermicelli in en bestrijk met olie. Bak hem krokant.

Maak ondertussen de hachee van de kalfsparures, sjalotten, gezouten citroen en laurier. Breng op smaak met azijn en bruine suiker naar smaak.

Zout de snijbonen 3 uur in zeezout, daarna afspoelen en blancheren. Blancheer ook de witte bonen en voeg samen met de spekblokjes tot de 'blote billen in 't gras'.

Serveer de "blote billen in 't gras" met de krokante zwezerik en de hachee.

À la minute hachee met sperzieboontjes

INGREDIËNTEN

800 gram sperzieboontjes, schoongemaakt

400 gram volkoren pasta

4 uien, in halve ringen gesneden

400 gram runderstaartstuk of rosbief

1 eetlepel sojasaus (Kikkoman)

2 eetlepels aardappelzetmeel

2 deciliter olie om te roerbakken

1 deciliter hacheebouillon (zie basisrecept hachee)

BEREIDINGSWIJZE

Kook de sperzieboontjes beetgaar in 3 liter water met 18 gram zout per liter water.

Spoel ze af met koud water en laat ze op een theedoek uitlekken.

Kook ondertussen de volkoren pasta beetgaar en bewaar warm.

Snijd het vlees in dunne reepjes, marineer deze met de sojasaus en bestuif ze met het aardappelzetmeel.

Laat bijna alle olie heet worden en roerbak hierin kort de reepjes vlees goudbruin. Laat het vlees in een zeef uitlekken.

Roerbak in een eetlepel resterende olie de sperzieboontjes op hoog vuur, voeg de halve uiringen toe en wok ze mee. Voeg het vlees toe. Blijf omscheppen en giet op het laatst de bouillon erbij. Kook alles in en breng op smaak met een beetje zout en zwarte peper uit de molen.

Serveer de hachee met de sperzieboontjes op de volkoren noedels.

Grootmoeders stoofvlees

INGREDIËNTEN

500 gram runderriblappen

zout en zwarte peper uit de molen

1 eetlepel olie

1 eetlepel boter

1 deciliter jenever

3 kruidnagels

1 eetlepel gladde mosterd

100 gram bruine suiker

BEREIDINGSWIJZE

Strooi zout en peper over het vlees en braad het aan in hete olie tot het vlees goudbruin is. Voeg daarna boter toe en laat deze bruin worden. Blus af met jenever.

Voeg mosterd en kruidnagels toe en giet er kokend water bij tot het vlees net onder staat.

Stoof het vlees in ongeveer 2,5 uur gaar met een deksel op de pan. Voeg daarna de bruine suiker toe en laat dit zonder deksel inkoken, tot de jus stroperig is geworden.

Kalfs-'babi pangang' met groene koolsalade

INGREDIËNTEN

1 kilogram vers kalfsbuikspek

3 eetlepels Chinees vijfkruidenpoeder

1 liter kippenbouillon (zie basisrecept)

zout

500 gram tomaten

30 gram verse gember, geschild

1 deciliter appelazijn

1 deciliter gembersiroop

3 eetlepels aardappelzetmeel, opgelost in water

3 lente-uitjes, fijngesneden

Garnituur:

Groene-koolsalade (zie basisrecept witte-koolsalade)

BEREIDINGSWIJZE

Marineer het kalfsbuikspek 24 uur met 2 eetlepels vijfkruidenpoeder. Kook het gemarineerde vlees in de kippenbouillon, op smaak gebracht met zout en een eetlepel vijfkruidenpoeder. En kook gaar in ca. 3 uur.

Laat een dag afkoelen.

Saus:

Laat tomaten een half uur koken met verse gember en azijn. Zeef het mengsel en breng op smaak met gembersiroop en eventueel wat zout. Bind het met het aangelengde aardappelzetmeel.

Snijd het gekookte kalfsbuikspek in repen en frituur ze. Breng de tomatensaus in een wok aan de kook. Schep de krokant gebakken repen buikspek door de saus, zodat de saus om het vlees glaceert. Maak af met de fijngesneden lente-ui en serveer met koolsla van groene kool .

Gepofte ui met knolselderijpuree, zoetzure bietjes met gerookte melkschuim en hachee van ossenstaart

4 uien

$^1/_2$ knolselderij

200 gram aardappelen

200 gram rode bieten

suiker, azijn

0,5 liter melk

2 gram 'sucro' per liter melk (zie productenkennis)

50 gram gerookt spek

1 kilogram ossenstaart

1 theelepel tomatenpuree

bouquet garni van groenten

BEREIDINGSWIJZE

Pinceer de ossenstaart in de oven, schep over in een ruime pan en zet op met koud water. Breng aan de kook, voeg een theelepel tomatenpuree toe en laat het in 3 uur gaar worden. Voeg het groentenbouquet toe en laat nog een halfuur mee trekken. Schep het vlees uit de bouillon en laat afkoelen. Zeef de bouillon en kook hem in tot sausdikte, pluk het vlees los. Kook in de tussentijd de bieten gaar en marineer ze in suiker en azijn tot zoetzure bietjes (1 nacht). Verpak de uien in aluminiumfolie en laat ze ongeveer een uur gaar poffen in een oven van 180 C, schil ze en hol ze uit.

Kook de knolselderij met de aardappels gaar. Pureer ze en breng op smaak met zout en peper.

Breng de melk aan de kook met gerookt spek. Voeg de sucro toe aan de melk en schuim de melk op.

Vul de uien met de knolselderijpuree en bewaar warm.

Warm de zoetzure bieten op, schuim de melk op en bak de geplukte ossenstaart in een koekenpan tot het krokant is.

Warm de saus op.

Dresseren: plaats op elk bord een ui, schep de bieten erop en de ossenstaart eromheen, maak af met saus en de schuim.

Geroosterd lam aan het spit

50 PERSONEN

INGREDIËNTEN

1 gepekelde lam (10 à 12 kg)

(eventueel komijn, opgelost in het pekel water)

olijfolie (om in te smeren)

+/- 20 kg houtskool

1 liter spiritus

Spit met elektrische motor

BEREIDINGSWIJZE

Laat de slager het lam een dag pekelen met pekelzout.

De barbecue aansteken door eerst het houtskool te besprenkelen met de spiritus en dit 5 minuten te laten in trekken en dan aansteken.

Het lam aan het spit rijgen en vast klemmen tussen de vorken, met ijzerdraad goed vastbinden zodat het lam niet kan draaien.

Als de vlammen gedoofd zijn en de kolen mooi gloeien, het lam op het spit hangen en in ongeveer 2 uur gaar roosteren. Af en toe insmeren met olijfolie.

Gepofte ui met knolselderijpuree, zoetzure bietjes met gerookte melkschuim en hachee van ossenstaart

Speenvarken, geroosterd met appelstroop en hete bliksem

INGREDIËNTEN

400 gram groene kool, in reepjes gesneden en geblancheerd

2 eetlepels magere yoghurt

1 eetlepel gembersiroop

1 theelepel kerriepasta (zie basisrecept)

500 gram speenvarkenrug met vel

1 eetlepel appelstroop

10 kruidnagels

800 gram aardappelen

3 appels in stukjes

3 peren in stukjes

een sjalotje, gesnipperd

4 eetlepels kalfsjus met 1 theelepel appelstroop

BEREIDINGSWIJZE

Blancheer vooraf de groene kool en vermeng met de yoghurt, gembersiroop en de kerrie. Wanneer het op smaak is gebracht, kun je het koud bewaren tot het opgediend wordt.

Verwarm de oven voor op 200 °C. Prik het vel van het vlees in met een klein mesje en prik de kruidnagels hierin. Strijk de appelstroop met een kwastje uit over het vel. Leg het speenvarken in de voorverwarmde oven en rooster het in ongeveer 25 minuten gaar. Strijk af en toe wel wat appelstroop over de huid. Schil voor de hete bliksem de aardappels en de appels. Verwijder de klokhuizen. Kook ze in een laagje water met wat zout gaar en pureer ze.

Schil ondertussen de peren en snijd ze in blokjes. Roer ze daarna door de puree tot hete bliksem. Roer ook de snippers sjalotje door de hete bliksem en breng het geheel op smaak met peper en zout.

Kook daarna de saus van kalfsjus en appelstroop en breng deze ook op smaak. Snijd het vlees en serveer het op de hete bliksem. Drapeer de saus hieromheen. Serveer de groene kool er apart bij.

Zuurkooltaartje met koolraap, geroosterde dadels en gekonfijte varkenshiel

INGREDIËNTEN

600 gram zuurkool, gekookt

250 gram koolraap

12 dadels

120 gram gerookt spek in dunne plakjes gesneden

400 gram aardappels, Eigenheimer, in de schil

250 gram champignons

1 deciliter melk

1 kilogram varkenshiel

bouquet van groenten: knoflook, ui, selderij, wortel

kruidenbouquet: laurier, kruidnagel en tijm

BEREIDINGSWIJZE

Zet de varkenshiel op en laat aan de kook komen. Schuim regelmatig af en laat ongeveer anderhalf uur pocheren. Voeg het groente- en kruiden bouquet toe en laat ze een halfuur meekoken. Snijd het vlees in plakken en houd warm. Hak de champignons fijn en gaar ze in de varkensbouillon. Pureer ze en voeg eventueel wat bouillon toe als de puree te dik is. Breng op smaak met peper en zout.

Kook ondertussen de aardappels gaar in de schil, pel ze en prak ze tot puree met warme melk. Ontdoe de dadels van hun pit, omwikkel ze met gerookte spek en bak ze af in 8 minuten in een voorverwarmde oven van 180 C.

Snijd de koolraap in dunne plakken, snijd er met een steker (een uitsteekring) kleine cirkels uit en blancheer ze.

Warm de zuurkool op.

Dresseren: bouw op in stekers: leg de warme plakjes koolraap tegen de binnenkant van de steker, leg daarin de aardappelpuree en stukjes varkenshiel, leg de warme zuurkool erbovenop, verwijder de steker en garneer met de geroosterde dadels. Giet de saus eromheen.

Wilde duif met appelstroop, linzen en hete bliksem

4 wilde duiven

zout en zwarte peper uit de molen

4 eetlepels Limburgse appelstroop

400 gram bruine linzen

2 eetlepels ganzevet

3 uien, gesnipperd

4 tenen knoflook

1 winterwortel, in brunoise gesneden

1 prei, in brunoise gesneden

$^1/_4$ knolselderij, in brunoise gesneden

1 blaadje laurier

2 takjes tijm

2 kruidnagels

0,5 liter kippenbouillon (zie basisrecept)

Garnituur:

hete bliksem (zie basisrecept)

bieten-pickles (zie basisrecept)

Laat de linzen 2 uur weken.

Verwarm de oven voor op 200 °C.

Zweet de groenten met de laurier, tijm en kruidnagel in het ganzenvet aan, giet daarop de linzen zonder weekvocht. Blus af met de kippenbouillon en stoof gaar (blijf goed proeven, de linzen moeten beetgaar worden dus niet te gaar!)

Zout en peper de duiven en smeer ze in met de appelstroop.

Rooster ze 8 minuten in de oven, haal ze eruit en laat ze 5 minuten rusten. Snijd ze uit en serveer met de linzen, hete bliksem en bieten-pickles.

Galantine van kwartel met pistache

4 kwarteltjes

1 eetlepel sjalotje, gesnipperd

1 ei

1 kipfilet

1 deciliter slagroom

zout en peper

1 sjalotje, gesnipperd

1 eetlepel pistachepitten

Snijd de kwartels langs de rug open, snijd het vel los en snij het karkas voorzichtig weg. Maak van de karkas en botjes een krachtig kwartelbouillon. Snijd voor de farce een laagje van de filets, maar zorg wel dat er een gelijkmatig laagje vlees op het vel overblijft. Fruit het sjalotje aan en laat afkoelen. Maal voor de farce het vlees van de boutjes met het ei en de kipfilet fijn. Laat deze farce op ijswater afkoelen. Monteer daarna de slagroom door de farce en maak op smaak met zout en peper.

Verdeel de farce over de vier kwarteltjes en rol deze als worsten op in een theedoek en bind ze strak dicht met touw. Pocheer de galantines gedurende 35 minuten in de kwartelbouillon. Laat ze in het vocht liggen tot ze gedeeltelijk afgekoeld zijn.

Hutspotsalade met gerookte eendenborst en pastinaakkroketjes

INGREDIËNTEN

Voor de salade:

300 gram bospeen

2 uien

200 gram aardappels

1 deciliter basisvinaigrette (zie basisrecept)

1 eetlepel gesneden bieslook

zout en zwarte peper uit de molen

Voor de pastinaakkroketjes:

1 pastinaak

bloem, ei en vers broodkruim

olie om te frituren

zout

320 gram gerookte eendenborst (basisrecept)

1 kropsla, alleen het hartje

mosterdmayonaise (zie basisrecept mayonaise met grove mosterd)

BEREIDINGSWIJZE

Zet een ruime pan met water op met 16 gram zout per liter water en laat het aan de kook komen.

Maak de bospeen en de aardappel schoon en snijd ze in mooie brunoise. Maak de uien schoon, snipper ze en stoof ze in een beetje olie gaar.

Verwarm de oven voor op 180 °C.

Blancheer de brunoise van aardappel en bospeen en laat ze op keukenpapier uitlekken. Maak de aardappel, bospeen, gare ui en de bieslook met basisvinaigrette aan en breng op smaak met zout en peper.

Schil de pastinaak, rol hem in aluminiumfolie en laat hem ongeveer 25 minuten in de oven poffen. Controleer hem regelmatig, want niet elke pastinaak wordt even snel gaar.

Snijd de gare pastinaak in dikke reepjes zodat er 'kroketjes' ontstaan. Paneer deze reepjes à l'Anglaise in bloem, eiwit en vers broodkruim. Verhit de olie tot 180 °C en frituur hierin de kroketjes.

Dresseren:

Leg de gerookte eendenborst in dunne plakjes gesneden op borden, met daarop de salade. Leg daarop de blaadjes kropsla en dáárop de pastinaakkroketjes.

Serveer met mosterdmayonaise.

Gelakte krabbetjes

INGREDIËNTEN

varkens spareribs

ketjap

honing

chilisaus

knoflook

cashewnootjes

BEREIDINGSWIJZE

Kook de spareribs in water tot een bouillon tot het vlees gaar is. Maak ondertussen de marinade van de ketjap, honing, chilisaus en de gepureerde knoflook pureren. Mengen de marinade met de gehakte cashewnoten en glaceer hiermee de spareribs door de marinade erop te smeren met bijvoorbeeld een kwastje. Rooster de ribbetjes op de barbecue goudbruin en knapperig.

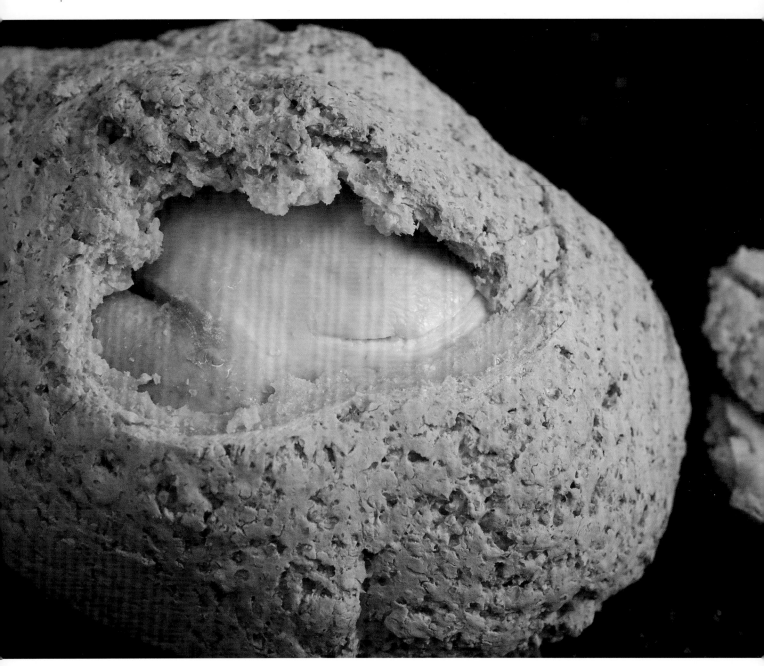

Hutspot van Cevenne ui en bospeen, met kokkels en schuim van knoflook

12 Cevenne uien

12 jonge bospenen

4 plakken gedroogde ham

4 sjalotten (in ringen gesneden)

3 tenen knoflook

1 blaadje laurier

3 takjes tijm

1 deciliter olijfolie

1 deciliter kippenbouillon

1 deciliter witte wijn

pistou van bieslook (zie basisrecept
basilicumpuree en vervang basilicum voor
bieslook)

400 gram aardappelpuree (zie basisrecept)

2 deciliter melk

3 tenen knoflook

400 gram Waddenzee kokkels

1 gesnipperd sjalotje

1 rode chili peper (ragfijn gesneden)

2 eetlepels olijfolie

zout en peper uit de molen

Maak pistou volgens het basisrecept maar gebruik bieslook i.p.v. basilicum. De Cevenne-uien schoonmaken en in gelijke stukken snijden. Schil de bospeen en snijd de worteltjes in 'chinoise'. Verhit een grote pan op het vuur met de olijfolie en bak de ham aan, voeg de knoflook toe, de sjalot-ringen, laurier en de tijm. Voeg hierna de Cevenne-uien en de bospeen erbij en blus het gerecht af met de wijn en de bouillon. Laat alles in ongeveer 15 minuten gaar stoven en brengt het op smaak met zout en peper uit de molen en roer als de pan van het vuur is de helft van de bieslook-pistou erdoor heen. Maak aardappelpuree volgens het basisrecept.

Zet voor het knoflookschuim de melk op en knijp de knoflookteentjes hierin uit en maak het op smaak met zout en zwarte peper uit de molen. Schuim de melk op het vuur meteen op met een staafmixer tot er een stevig schuim is ontstaan.

Fruit de kokkels in de olijfolie aan met het gesnipperde sjalotje en de gesneden chilipeper tot ze open staan.

Verdeel de uien met de bospeen op het bord, leg de kokkels in de schelp erbij en spuit de aardappelpuree op het bord. De rest van de bieslook-pistou in streepjes over het bord spuiten en de knoflook-melkschuim erbij scheppen.

Kip in zoutkorst

1 biologische kip

1 kilogram bloem

500 gram zeezout

3 eieren

water

$1/2$ citroen

2 teentjes knoflook

1 ui

8 stronkjes witlof

1 flesje Nederlandse Trapist, La Trappe dubbel

0,25 liter slagroom

0,25 liter kippenbouillon (zie basisrecept)

aardappelgarnituur: rösti aardappelen

Kneed van de bloem, zeezout, eieren en water een stevig deeg en laat het een halfuur rusten. Verwarm de oven voor op 200 °C.

Vul de kip met de citroen, ui en knoflook en verpak haar in het zoutdeeg. Bak de kip in de zoutkorst in circa 1 – 11/2 uur (hangt af van de grootte van de kip) gaar in de oven.

Kook ondertussen de witlof in kokend zout water beetgaar. Snijd ze daarna in de lengte door, bestuif met bloem en bak ze in een scheutje olie krokant. Blus af met de helft van het bier.

Haal het witlof uit de pan en bewaar warm. Giet de rest van het bier in de pan van de witlof. Voeg de kippenbouillon en de slagroom toe en laat het geheel inkoken tot sausdikte, breng op smaak met zout en serveer bij de kip met witlof. Snij de kip in de zoutkorst aan tafel in tweeën. Haal de kip uit de korst en verdeel.

Garnituur bij de kip: witlof en rösti.

Witlof in bruin bier met duinkonijn

INGREDIËNTEN

800 gram biologische aardappels

2 uien

bosje tijm

2 tenen knoflook

2 eetlepels olijfolie

400 gram boutjes van wilde konijnen

2 flesjes La Trappe (Trappistenbier)

1 deciliter jus de veau (zie basisrecept)

800 gram witlof

citroensap

2 eetlepels olijfolie

1 deciliter slagroom

2 eetlepels bieslook, gesneden

zeezout en peper

BEREIDINGSWIJZE

Verwarm de oven voor op 200 °C. Was de aardappels in de schil en maak de uien schoon. Snijd daarna alles in gelijkmatige stukjes. Meng de knoflook, tijm, 2 eetlepels olijfolie en zeezout met de aardappels en uien en rooster het mengsel in ongeveer 3 kwartier gaar in de oven.

Bestrooi de konijnenboutjes met zout en peper en bak ze in olijfolie goudbruin. Blus ze af met de inhoud van één flesje Trappistenbier. Giet de jus de veau erbij en breng alles kort aan de kook. Laat het net zo lang stoven tot de boutjes gaar zijn. Dit duurt (afhankelijk van de grootte van de boutjes) ongeveer anderhalf uur. Pluk dan het vlees van de botjes.

Kook de witlof in z'n geheel gaar in zout water met citroensap of azijn. Grote stronken kun je in tweeën snijden. Snijd eventueel de kern eruit. Laat de gekookte witlof uitlekken en dep droog.

Bestuif daarna licht met bloem, bak de witlof krokant in twee eetlepels olijfolie en blus af met een beetje trappistenbier.

Giet het kookvocht in een andere pan en laat het inkoken, voeg de slagroom eraan toe. Doe de stukjes konijn in een schaal en giet de ingekookte saus eroverheen. Strooi de bieslook over het mengsel. Dresseer de witlof op borden. Serveer de konijnragout en de aardappels er apart bij.

Brabantse hazenpeper

INGREDIËNTEN

8 hazenvoorlopers (voorpoten)

1 eetlepel bloem

3 eetlepels olijfolie

1 fles rode wijn

2 uien

$^1/_2$ prei

1/8 knolselderij

1 winterwortel

3 tenen knoflook

1 theelepel tomatenpuree

2 blaadjes laurier

3 takjes tijm

2 plakken gewone ontbijtkoek

1 theelepel jeneverbessen

1 eetlepel pure chocolade

1 eetlepel kandijsuiker

1 eetlepel aalbessengelei

zout en zwarte peper uit de molen

Voor de garnituur:

4 eetlepels vers gekookte zilveruitjes

4 eetlepels uitgebakken spekjes

1 eetlepel gehakte peterselie

BEREIDINGSWIJZE

Strooi zout, peper en bloem over de hazenvoorlopers en bak ze aan in een voldoende grote pan. Voeg tomatenpuree toe, blus af met rode wijn en breng en aan de kook.

Voeg na een uur de rest van de ingrediënten toe en laat het geheel koken tot het vlees gaar is. Schep dan de voorlopers uit de saus, zeef de saus en breng hem op smaak.

Snijd het vlees in plakken van de botjes en warm ze op in de warme saus.

Schep de garnituur over de ragout.

Kroketjes van topinamboer met 'kerrie' van zeeduivel

VOOR 5 PERSONEN

INGREDIËNTEN

15 aardperen of topinamboer

vers broodkruim, bloem, ei

melk

slagroom

6 gram agar-agar per liter

zeezout

250 gram zeeduivelfilet

aardappelzetmeel

4 blaadjes koriander

Voor de specerijen van de V.O.C.:

1 rode paprika

1 vers bolletje gember

1 teentje knoflook

1 sjalot

$^1/_2$ chilipeper

1 theelepel kurkuma

$^1/_2$ theelepel cardamompoeder

$^1/_4$ theelepel kaneelpoeder

$^1/_4$ theelepel komijnpoeder

BEREIDINGSWIJZE

Schil de aardperen of topinamboer, verpak ze in aluminiumfolie en laat ze minstens 25 minuten poffen in een voorverwarmde oven van 180 °C. Gaar de paprika, gember, sjalot, knoflook en de chilipeper gaar voor de kerrie in de stoompan of magnetron. Pureer, zeef de puree en breng op smaak met de specerijen.

Controleer of de aardperen of de topinamboer gaar zijn en steek er dan met een steker kleine cilinders uit. Paneer deze kroketjes in bloem, ei en vers broodkruim.

Pureer voor de saus de restjes aardpeer of topinamboer met wat melk, slagroom en agar-agar. Breng op smaak met zeezout.

Verwarm de olie in de frituurpan voor op 180 °C.

Snijd de zeeduivelfilet in blokjes, maak aan met een eetlepel V.O.C. specerijen puree en bestuif met aardappelzetmeel. Frituur de blokjes zeeduivel, en daarna de kroketjes van topinamboer.

Serveer met de saus van topinamboerpuree en een paar blaadjes koriander.

Kroketjes van topinamboer met rolmops van makreel, in een vinaigrette van boerenkool en specerijen van de V.O.C.

VOOR 5 PERSONEN

INGREDIËNTEN

10 topinamboers

vers broodkruim, bloem, ei

2 stuks verse makreel

aardappelzetmeel

Chardonnay-edik "Marga Vugs"

2 eetlepels gembersiroop

250 gram boerenkool

1 sjalot

1 teen knoflook

125 gram boter

zout en peper

Specerijen van de V.O.C.:

1 rode paprika

1 vers bolletje gember

1 teentje knoflook

1 sjalot

$^1/_2$ chilipeper

1 theelepel kurkuma

$^1/_2$ theelepel cardamompoeder

$^1/_2$ theelepel kaneelpoeder

$^1/_2$ theelepel komijnpoeder

BEREIDINGSWIJZE

Schil de topinamboers en verpak ze in aluminiumfolie en laat ze circa 25 minuten poffen in een voorverwarmde oven van 180 C. Controleer dan of ze gaar zijn en laat ze zonodig nog iets langer poffen.

Stoom de paprika, gember, sjalot, knoflook en de chilipeper gaar voor de kerrie. Pureer en zeef het en breng op smaak met de specerijen.

Blancheer de boerenkool in ruim kokend water met 18 gram zout per liter, spoel af met koud water, laat goed uitlekken en pureer het (of hak het fijn).

Snijd met een steker kleine cilinders uit de gare topinamboers.

Paneer deze kroketjes in bloem, ei en verse broodkruim.

Verwarm de olie in de frituurpan voor op 180 °C.

Maak de makreel schoon. Halveer de filets, rol ze op en prik ze vast met een cocktailprikker en paneer ze in de aardappelzetmeel.

Frituur in ca. 15 minuten de makreelrolletjes en leg ze daarna in de edik met de gembersiroop zodat de azijn in de makreel trekt.

Voor de vinaigrette snipper je het sjalotje en fruit je het samen met het knoflookteentje in de boter aan. Voeg de gehakte boerenkool toe, een theelepel specerijen uit de V.O.C., zout en peper.

Frituur de kroketjes van topinamboer.

Leg de rolmops op het bord. Dresseer de vinaigrette erover en leg de kroketjes erbij.

183

In aardappelreepjes gefrituurde reuzengarnalen met tomatenketchup

INGREDIËNTEN

- 12 reuzengarnalen (16/20 in 500 gram)
- 3 eetlepels aardappelzetmeel
- 3 grote geschilde aardappels
- 1 deciliter tomatenketchup (zie basisrecept)

BEREIDINGSWIJZE

Maak de garnalen schoon.

Snijd de aardappels op een mandoline in zeer dunne reepjes.

Maak de aardappelreepjes aan met het zetmeel en verpak daar de garnalen in. Verwarm de olie in de frituurpan op 180 °C. Frituur de garnaal-aardappelpakketjes en serveer ze met tomatenketchup.

Garnalengehaktballetjes op de barbecue

VOOR 20 PERSONEN

INGREDIËNTEN

- 500 gram reuzengarnalen (Black Tiger)
- 500 gram kipfilet
- 500 gram vetspek
- 20 lente-uitjes
- 1 eetlepel bieslook, gesneden
- 0,5 deciliter sojasaus (Kikkoman)
- 0,5 deciliter gembersiroop
- peper en zout

BEREIDINGSWIJZE

Steek de barbecue op tijd aan.

Maak de reuzengarnalen schoon, verwijder het darmkanaal en draai ze samen met de kipfilet en het vetspek door de gehaktmolen. Cutter het gehakt daarna fijn in de keukenmachine en breng op smaak met bieslook, gembersiroop, sojasaus, peper en zout.

Draai hiervan balletjes van ongeveer 25 gram en blancheer deze kort in water met 18 gram zout per liter. Maak de lente-uitjes schoon en snijd ze in drieën.

Rijg de balletjes per drie stuks om en om met een stukje lente-ui op een satéprikker en rooster ze gaar op de barbecue.

Mosselen met specerijen van de V.O.C en stokviskroketjes

INGREDIËNTEN

1 kilogram Zeeuwse mosselen

750 gram grof gesneden groenten: ui, prei, bloemkool, wortel en knolselderij

3 eetlepels plantaardige olie

1 eetlepel V.O.C.-specerijen (zie basisrecept)

3 eetlepels kokosmelk

1 eetlepel bieslook

BEREIDINGSWIJZE

Roerbak de mosselen snel in de hete olie, voeg de groenten en de specerijen toe. Breng de mosselen op smaak met de kokosmelk en bieslook als ze open gaan.

Serveer de mosselen met stokviskroketjes.

Stokviskroketjes

INGREDIËNTEN

500 gram stokvis

1 uitje, gesnipperd

2 tenen knoflook, geperst,

1 blaadje laurier

4 deciliter melk

200 gram aardappelpuree (zie basisrecept)

1 geraspte citroen

2 eetlepels gesneden bieslook

2 eidooiers

BEREIDINGSWIJZE

Laat de stokvis 24 uur weken in koud water. Verschoon het water regelmatig. Breng melk aan de kook met ui, knoflook en laurier en kook hierin de geweekte stokvis in 15 minuten gaar. Pluk de stokvis en prak deze door de aardappelpuree. Breng op smaak met de citroenschil, gesneden bieslook, eidooier, zout en peper. Laat afkoelen, rol er kroketjes van, paneer à l'Anglaise (zie basistechnieken) en frituur ze.

Om te paneren

bloem, losgeklopt ei en vers broodkruim

Sperzieboontjes gestoofd met tomaat, spek en gebakken steenschol

VOOR DIT GERECHT HEB JE EEN HOGEDRUKPAN NODIG.

INGREDIËNTEN

1 steenschol

500 gram sperzieboontjes

2 uien

3 tenen knoflook

3 eetlepels olijfolie

300 gram gerookt spek, in blokjes gesneden

5 takjes tijm, gehakt

6 tomaten

BEREIDINGSWIJZE

Maak de sperzieboontjes schoon en blancheer ze.

Fruit de uien met de uitgeperste knoflook en de dobbelsteentjes spek aan in de olijfolie.

Voeg de boontjes, tomaten en de tijm toe. Stoof ze 1 uur in een hogedrukpan. Bak daarna de schol in zijn geheel en serveer deze met de boontjes.

Dit gerecht kan ook in een ovenschotel gemaakt worden, ca. 3 uur in een oven van 160 °C.

Rolmops van tongfilet met garnalenazijn en stokvisthee

INGREDIËNTEN

4 tongfilets

12 reuzengarnalen

2 deciliter rijstazijn

40 gram suiker

1 komkommer

200 gram julienne de légumes

5 deciliter stokvisbouillon

50 gram suiker

1 eetlepel tomatenpuree

125 gram bouquet garni

olie om in te frituren

BEREIDINGSWIJZE

Pel de garnalen en snij ze in dunne reepjes en bewaar ze koud. Zet de garnalenschalen aan in een beetje olie, met een eetlepel tomatenpuree, 125 gram bouquet garni en 50 gram suiker. Blus af met 2 deciliter stokvisbouillon en 1 deciliter rijstazijn. Laat dit een halfuur trekken op laag vuur. Passeer door een fijne zeef.

Snij de komkommer in battonettes en laat ze een uur marineren in 1 deciliter azijn en 40 gram suiker.

Blancheer de groenten-julienne en spoel af met koud water.

Rol de tongfilet om de komkommerreepjes, paneer ze in aardappelzetmeel en frituur ze. Leg de gefrituurde tongfilet direct in de garnalenazijn die we gemaakt hebben.

Leg dan de tongfilet met komkommer in een soepkommetje op de julienne de légumes en de reepjes garnalen en schenk er aan tafel de kokende stokvisthee vanuit een theepot overheen.

Slavinkjes van kardoen met basilicum en op de huid gebakken kabeljauw

INGREDIËNTEN

12 stengels kardoen

12 plakjes gerookt spek

4 sjalotten, in ringen gesneden

3 bospeentjes, geschild en in plakjes gesneden

3 teentjes knoflook

1 blaadje laurier

3 takjes tijm

1 deciliter olijfolie

1 deciliter kippenbouillon

1 deciliter witte wijn

basilicumpuree (zie basisrecept)

takjes bieslook en kervel

zout en peper uit de molen

4 stukjes kabeljauwfilet, geschubd
met vel à 80 gram per stuk

3 eetlepels olijfolie

fleur de sel

BEREIDINGSWIJZE

Maak de kardoenstengels schoon, snijd ze in stukken van 5 cm en omwikkel ze met het spek.

Zet een pan met een dikke bodem op het vuur en bak in de olijfolie deze slavinkjes rondom goudbruin, voeg knoflook, ringen sjalot, plakjes bospeen, laurier en de tijm toe, blus af met de wijn en de bouillon. Stoof alles in ongeveer 15 minuten gaar en breng op smaak met zeezout en peper uit de molen. Voeg de basilicumpuree pas toe als de pan van het vuur is. Bak de kabeljauw in de olijfolie op de huid. Draai de vis op het laatste moment om, als hij bijna gaar is, en serveer direct met de slavinkjes.

Noordzeevis-soep

1 kilogram goedkope (maar verse) vis:

(wijting, schelvis, garnalenpulp en dergelijke)

500 gram vis (in hele stukken)

300 gram ui, prei, venkel, bleekselderij, knoflook

1 deciliter olijfolie

100 gram tomaat

2 eetlepels tomatenpuree

2 aardappels, geschild

een paar draadjes saffraan

schil van een halve sinaasappel

een scheutje Pernod

Garnituur:

kroepoek

Voor ansjovismayonaise (zie basisrecept):

2 eidooiers

1 eetlepel azijn

1 theelepel gezouten anjovis uit een blikje

2,5 deciliter zonnebloemolie

2,5 deciliter olijfolie

zout en peper

Bak de kilogram vis in z'n geheel aan in de olijfolie. Maak de groenten schoon en snijd ze in grove brunoise. Voeg de groenten, saffraan, tomaten, tomatenpuree, aardappels en halve sinaasappelschil toe aan de vis.

Blus af met zoveel water dat alles net onder staat. Laat ongeveer een halfuur goed koken. Passeer alles door een passevite, zodat de puree de soep bindt, breng op smaak met peper en zout en een scheutje Pernod.

Bak de stukken vis aan en gaar deze verder in de vissoep.

Serveer met ansjovismayonaise en kroepoek.

Warm gerookte paling met wortelmosterd

1 kilogram verse palingen met huid (duimdik)

1,2 kilogram grof zeezout

rookmeel

Kook een liter water met 1 kilogram zout en laat deze oplossing afkoelen. Wrijf de verse paling in met 200 gram zout tot het slijm weg is. Maak daarna de paling schoon en haal de ingewanden eruit.

Laat de paling 3 uur pekelen in de zoutoplossing.

Verwarm de oven op 80°C en leg de palingen op een rooster.

Zet het rookmeel in een klein pannetje met een deksel op het vuur, totdat er een goede rookontwikkeling op gang komt.

Zet dit pannetje daarna in de oven en rook de paling in ongeveer 50 minuten gaar.

Serveer de paling met wortelmosterd (zie basisrecept) en een aardappelpuree met citroenrasp.

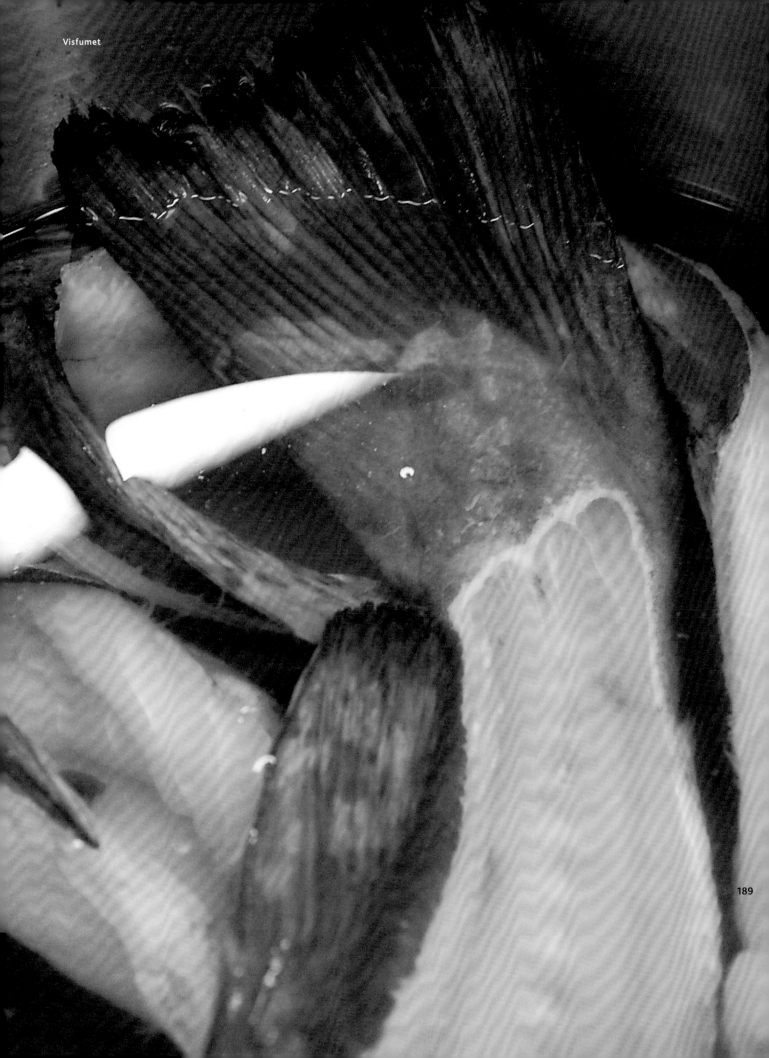

Zeeuwse groenten en roodbaars in papier gestoomd met gember en sojasaus

INGREDIËNTEN

50 gram boter

500 gram zeekraal

4 x 100 gram roodbaarsfilet

500 gram gestoomde aardappels

1 lente-ui, julienne gesneden

1 stukje gember, geraspt

1 teentje knoflook, uitgeperst

2 eetlepels sojasaus

zeezout

4 eidooiers

2 eetlepels zonnebloemolie

2 eetlepels sesamolie

BEREIDINGSWIJZE

Knip een vel vetvrij papier van 80 bij 40 centimeter af en smeer de helft in met boter.

Leg op deze helft de zeekraal en daarbovenop de 4 stukjes roodbaarsfilet. Verdeel de gestoomde aardappels eromheen en bestrooi alles met een beetje zout.

Leg op de visfilets de julienne van lente-ui, gember en knoflook en giet er een scheutje sojasaus over.

Verwarm de oven voor op 180 °C. Vouw het vetvrije papier dubbel en plak de randen dicht met eidooier.

Laat de inhoud van de papieren zak 12 minuten in de oven gaar stomen. Verhit ondertussen de zonnebloemolie en de sesamolie. Serveer de gaar gestoomde vis uit de zak en schep de hete olie over de vis. Serveer eventueel met hollandaisesaus (zie basisrecept).

Snoekbaarsworstjes
VOOR ONGEVEER 30 PERSONEN

INGREDIËNTEN

500 gram schone snoekbaarsfilet

500 gram vetspek

500 gram kipfilet

600 gram eiwit

600 gram room

peper en zout

1 eetlepel bieslook

schapensnaren (goed gespoeld)

BEREIDINGSWIJZE

Draai eerst gehakt van snoekbaars, vetspek en kipfilet. Draai het mengsel vervolgens fijn met de eiwitten en de room in de keukenmachine. Maak vervolgens op smaak met peper, zout en bieslook.

Vul de snaren met de farce, rol ze dan op en wel ze tot ze gaar zijn (in water van 80 °C). Laat ze afkoelen in koud water.

Rook de worstjes gedurende ongeveer 2 uur.

Zeeuwse groenten en roodbaars in papier gestoomd met gember en sojadressing

191

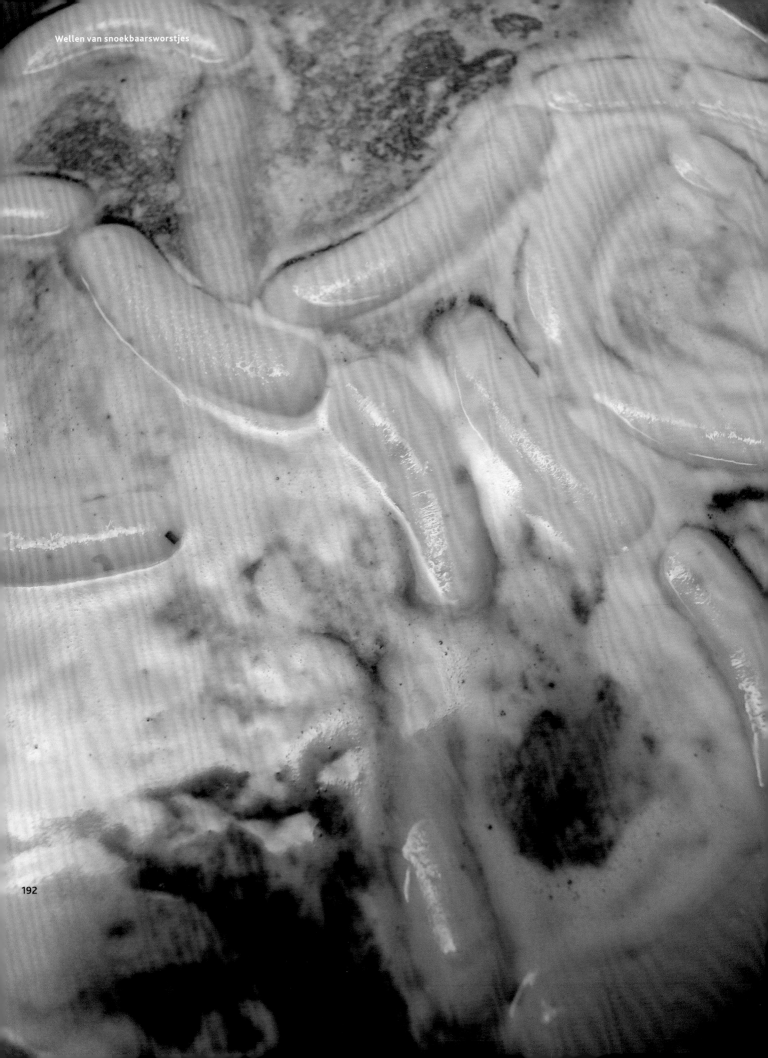

Aardbeien met advocaatschuim en slagroom

INGREDIËNTEN

400 gram aardbeien

0,25 liter slagroom

75 gram suiker

2 deciliter advocaatschuim (zie basisrecept)

BEREIDINGSWIJZE

Klop de slagroom en de suiker.

Was de aardbeien en snijd ze in tweeën. Maak het advocaatschuim volgens het basisrecept.

Schep eerst slagroom in een groot glas, verdeel hierop de aardbeien en schep daarover het advocaatschuim.

Appel-bitterkoekjes'strudel' met bitterkoekjesijs

INGREDIËNTEN

Voor het deeg:

1 kilogram patentbloem, gezeefd

6 deciliter lauw water

1 deciliter plantaardige olie

Voor de vulling:

5 appels

kaneelsuiker

citroenrasp

100 gram bitterkoekjes

50 gram amandelpoeder

1 deciliter gesmolten boter

BEREIDINGSWIJZE

Maak van bloem, water en olie een glad deeg.

Leg het deeg op een bord, smeer het in met olie en laat het, afgedekt met plastic, een uur rusten.

Bereid in die tijd de vulling: schil de appels en snijd ze in blokjes. Maak ze aan met kaneelsuiker, citroenrasp en de fijngesneden bitterkoekjes.

Verwarm de oven voor op 220 °C. Trek het deeg op een tafellaken uit, verdeel hierover de gesmolten boter en het amandelpoeder.

Leg de appelvulling in een baan, rol het geheel op, besmeer de rol met gesmolten boter en bak hem af tot hij mooi goudbruin is. Serveer de 'Strudel' met bitterkoekjesijs (zie basisrecept ijs).

(Voor het maken van gewone apfelstrudel: vervang de 100 gram bitterkoekjes voor cakekruimels.)

Bossche bolletjes

Ingrediënten soezenbeslag:

- 160 gram bloem
- 160 gram water
- 160 gram melk
- 160 gram boter
- 7 gram zout
- 4 à 5 eieren

- 125 gram pure chocolade couverture
- 125 gram slagroom met 18 gram suiker

Kook water, melk en boter in een pan, haal dan de pan van het vuur en spatel de bloem en het zout erdoor. Zet het beslag terug op het vuur om de bloem te laten garen (blijf roeren). Haal dan het beslag opnieuw van het vuur en spatel de eieren één voor één door het beslag. Verwarm de oven op 180 °C.

Beboter een bakplaat en bestuif deze met bloem. Spuit er soesjes op, uit een spuitzak en bak af totdat ze licht aanvoelen en goudbruin zijn, in 25 à 30 minuten.

Verwarm voor de chocoladefondant 1 deel room en 1 deel couverture au bain marie en meng dit door elkaar.

Laat de soesjes afkoelen, vul ze dan met gezoete geslagen room en haal ze daarna door de chocoladefondant.

Broodpudding

- 7 sneetjes casino broodzonder korst
- 120 gram krenten en rozijnen
- 60 gram boter
- 4 deciliter melk
- 100 gram gepasteuriseerd ei
- 80 gram poedersuiker

Besmeer het brood met boter en leg dit dakpasgewijs in een ovenschaal. Leg hier de krentjes en rozijnen op. Doe melk, ei en poedersuiker in een beslagkom. Meng dit geheel met een garde en giet het mengsel over het brood, bak de pudding in 30 minuten af op 180 °C.

Chocoladevla met kersen en advocaat

- 2 deciliter melk
- 45 gram cacaopoeder
- 8 eidooiers
- 75 gram suiker
- 2 deciliter slagroom

Garnituur:

- advocaat (zie basisrecept)
- verse kersen
- kletskoppen (zie basisrecept)

Breng de melk met de cacaopoeder aan de kook.

Klop de eidooiers op met de suiker en meng met de chocolademelk. Voeg de slagroom toe en haal daarna de pan van het vuur. Laat deze massa 1 uur in de oven gaar worden op 95 °C. Roer daarna de massa koud.

Garneer met advocaat, verse kersen en kletskoppen.

Cakejes met jeneverstroop en crème van groene thee

INGREDIËNTEN

Mini- cakejes

Oude jeneverstroop (zie basisrecept)

Crème van groene thee (zie basisrecept)

BEREIDINGSWIJZE

Bak mini-cakejes, naturel, naar eigen recept. Doop de cakejes in de oude jeneverstroop en laat ze er 5 minuten in liggen, zodat de stroop goed opgenomen wordt. Laat ze vervolgens uitlekken op een schone theedoek en spuit op ieder cakeje een rozetje crème van groene thee.

Clubsandwich van suikerbrood van de barbecue met aardbeien, groene peper en vanillevla

INGREDIËNTEN

6 dunne plakjes Fries suikerbrood

een klein beetje olijfolie

kaneelsuiker

vanillevla (zie basisrecept)

250 gram aardbeien

25 gram boter

1 eetlepel groene pepers

zwarte peper uit de molen

4 satéprikkers

ijs (zie basisrecept)

BEREIDINGSWIJZE

Smeer de 6 plakjes suikerbrood in met een beetje olijfolie en kaneelsuiker en rooster ze op een houtskoolvuur.

Bak ondertussen de aardbeien kort in een beetje boter, voeg de groene pepers toe en strooi er wat zwarte peper uit de molen over.

Haal direct uit de pan en meng met de vanillevla.

Stapel de sneetjes geroosterd brood op met deze massa ertussen: twee keer 3 lagen brood met 2 lagen aardbeienvla met peper. Steek de saté prikkers erin en snijd ze diagonaal door.

Serveer de clubsandwiches met wat extra vla en de roomijs.

Gebrande vanillevla met boerenjongens

INGREDIËNTEN

2 deciliter slagroom

2 deciliter melk

100 gram suiker

5 eidooiers

1 vanillestokje (in de lengte doorgesneden)

200 gram boerenjongens

rietsuiker

ijs (zie basisrecept)

BEREIDINGSWIJZE

Breng de slagroom, melk, suiker en het vanillestokje aan de kook en laat 10 minuten staan met een deksel op de pan.

Meng de eidooiers met de helft van de warme melk, giet terug in de pan en verwarm langzaam opnieuw tot de "pap" dik wordt.

Haal dan direct van het vuur en zeef door een bolzeef.

Giet deze "pap" in vier diepe borden en verdeel hier de boeren- jongens over. Laat één uur gaar worden in een oven op 100 °C.

Laat dan afkoelen in de koelkast. Bestrooi de pudding tot slot met rietsuiker en "gratineer" met een hobbybrander, zodat er een krokant korstje op komt. Serveer eventueel met roomijs.

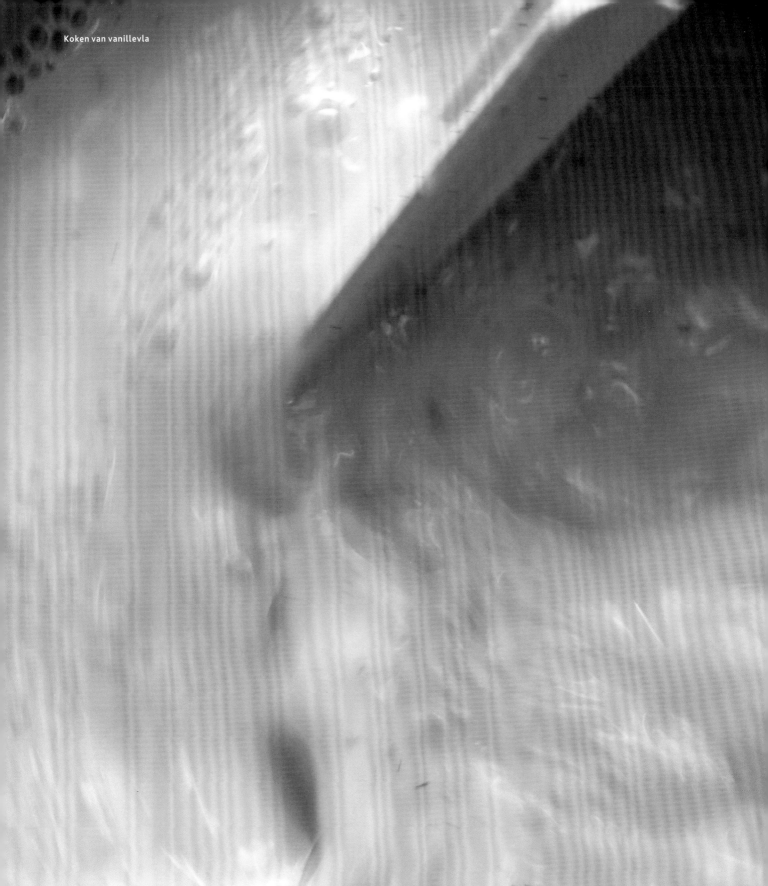

Chocolade nootmuskaattaartjes met advocaat van oude jenever

200 gram pure chocolade, gesmolten

100 gram boter, gesmolten

8 eieren

150 gram suiker

100 gram bloem

rasp van één sinaasappel

mespuntje nootmuskaat, vers geraspt

cacaopoeder

advocaat (zie basisrecept)

BEREIDINGSWIJZE

Verwarm de oven voor op 200 °C.

Maak de massa door alle ingredienten met elkaar te vermengen en vul er bakvormpjes mee. Bak ze 10 minuten af en bestuif ze met cacaopoeder. Serveer ze met advocaat op basis van oude jenever.

Flensjes

INGREDIËNTEN

250 gram bloem

10 eieren

6 deciliter melk

2,5 deciliter bier (eventueel Trappistenbier)

125 gram gesmolten boter

(eventueel een mespuntje suiker)

(eventueel een klein beetje zout)

olie of boter om in te bakken

BEREIDINGSWIJZE

Zeef de bloem en voeg hieraan de overige ingrediënten toe.

Laat het beslag een uur rusten en bak dan de flensjes in de olie of boter.

Havermoutse pap met honing en fruit

INGREDIËNTEN

500 gram havermout

0,75 liter melk

350 gram suiker

2,5 deciliter citroensap

100 gram honing

200 gram geraspte noten

100 gram gehakte noten

2,5 deciliter slagroom

vers fruit

BEREIDINGSWIJZE

Laat de havermout een nacht weken in de melk.

Klop de slagroom op en meng het samen met de rest van de ingrediënten door de havermoutse pap. Serveren met vers seizoensfruit.

Griesmeelpudding

INGREDIËNTEN

5 deciliter room

1,5 liter melk

150 gram griesmeel

200 gram suiker

2 sinaasappelschillen

2 citroenschillen

1 kaneelstokje

1 vanillestokje

rietsuiker

BEREIDINGSWIJZE

Breng de slagroom en de melk aan de kook, samen met de suiker, sinaasappelschil, citroenschil, het vanillestokje en het kaneelstokje. Snijd het vanillestokje open en schraap het merg eruit.

Bind met de griesmeel en schep deze massa over in schaaltjes. Bestrooi de afgekoelde pudding met rietsuiker en gratineer met een hobbybrander.

Bisschopwijn-fruitsoep

INGREDIËNTEN

1 liter rode wijn

400 gram rood fruit

1 pijpje kaneel

1 kruidnagel

3 eetlepels kandijsuiker

1 citroenschil

1 sinaasappelschil

3 eetlepels tapioca

BEREIDINGSWIJZE

Kook alle ingrediënten behalve het fruit. Voeg het fruit toe als de tapioca gaar is en laat de wijn afkoelen.

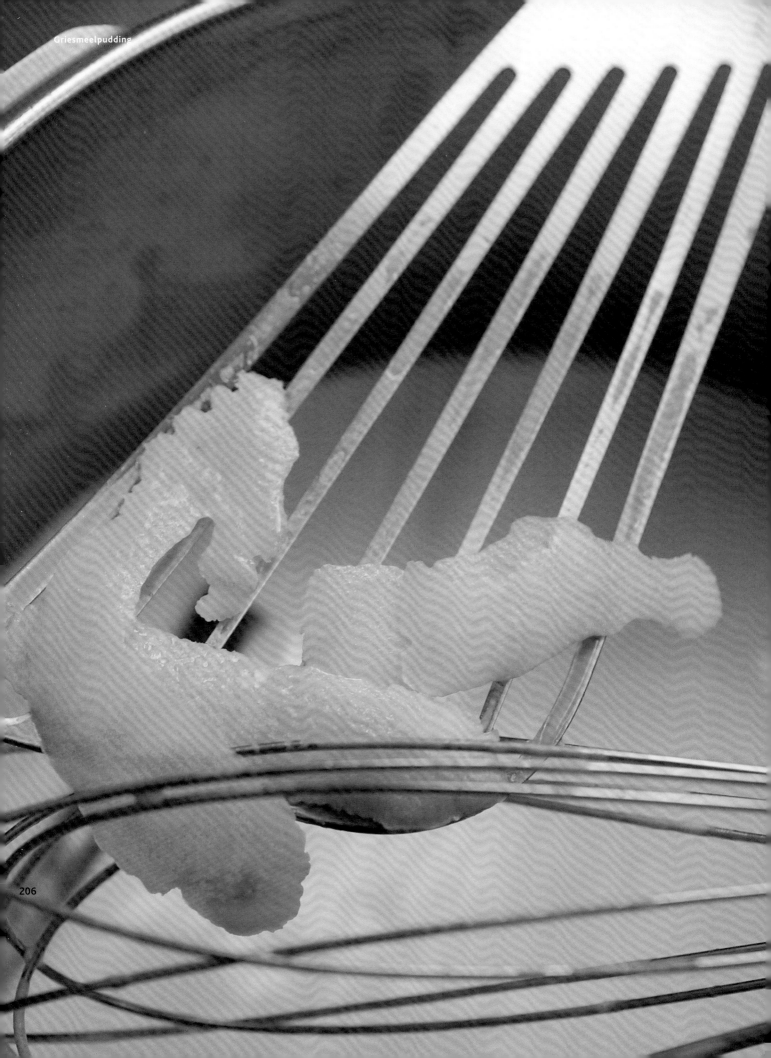

Haagsche-hopjesmousse

INGREDIËNTEN

300 gram hopjes

200 gram slagroom

1/2 kopje espresso

20 gram gelatine

440 gram eidooiers

600 gram lobbige room

cake

BEREIDINGSWIJZE

Kook de Haagsche hopjes met de slagroom en laat ze oplossen. Klop de eidooiers au bain marie op. Laat de gelatine weken in koud water en los het op in de espresso. Meng dit met de eidooiers. Meng dit met de afgekoelde hopjes-room en spatel dan de lobbige room erdoor. Giet het mengsel in ringen, die bedekt zijn met patisserieplastic (op rol).
Leg er daarna een rondje cake op.
Zet dit in de vriezer en benevel vervolgens met pure chocolade (uit de spray-can).

SPUIT CHOCOLADE

Gelijke delen gesmolten pure chocolade en cacaoboter in een verfspuit.

Koffiebonenpudding

INGREDIËNTEN

2 eidooiers

30 gram suiker

2 eiwitten

30 gram suiker

1 deciliter slagroom

125 gram verse roomkaas

1 blaadje gelatine

1 borrel koffielikeur

25 lange vingers

2 kopjes espresso

cacaopoeder

BEREIDINGSWIJZE

Klop het eigeel au bain marie op met de suiker tot het taai en wit ziet. Klop de eiwitten op tot ze vlokkig zijn, voeg dan de suiker toe en blijf net zo lang kloppen tot de suiker opgelost is. (Dat weet je door het te proeven.)
Klop de slagroom op. Klop ook de roomkaas op. Laat het blaadje gelatine weken in koud water. Breng ondertussen de koffielikeur aan de kook en laat hierin de gelatine oplossen.
Voeg dit toe aan de los geklopte verse roomkaas en meng deze met achtereenvolgens de eidooiers, de eiwitten en tot slot de slagroom. Bekleed een mooie schaal met de lange vingers en besprenkel ze met de espresso. Schep hier de massa bovenop. Laat dit 6 uur opstijven in de koelkast.

Kwarksoufflé met mandarijnen

VOOR 20 PERSONEN

INGREDIËNTEN

300 gram kwark

700 gram melk

180 gram suiker

6 vanillestokjes

10 mandarijnen

160 gram bloem

10 gram aardappelzetmeel

soufflévormpjes

boter en suiker om vormpjes mee
in te smeren

Per soufflé bakje van 1 deciliter:

1 eiwit

35 gram suiker

1 eetlepel soufflé massa

BEREIDINGSWIJZE

Laat de kwark 24 uur van te voren goed uitlekken. Maak poeder van 5 manda-rijnenschillen door de schillen eerst goed te drogen in een oven van 80 °C (gedurende een nacht) en dan fijn te cutteren in de keukenmachine.

Basismassa: Breng melk aan de kook met suiker, opengesneden vanillestokjes en de schillen van 5 mandarijnen en laat dan 10 minuten staan om de smaak er goed in te laten trekken. Verwijder daarna de vanillestokjes en mandarij-nenschillen en breng weer aan de kook. Doe de bloem en aardappelzetmeel in de keukenmachine en voeg daar de kokende melk bij. Draai het geheel in de keukenmachine tot een homogene massa. Voeg de kwark toe en breng op smaak met het mandarijnenpoeder.

Afmaken: Verwarm eerst de oven voor op 180 °C. Smeer de soufflévormpjes goed met boter in en bestrooi met suiker. Sla de eiwitten op met een garde of mixer, totdat de eiwitten gaan vlokken; voeg dan geleidelijk aan de suiker toe en wacht tot deze in het eiwit is opgelost (dat is het geval als je geen suikerkristallen meer proeft). Spatel dan de basismassa erdoor en vul de vormpjes, strijk glad en laat ze 12 minuten in de oven souffleren!

Variaties, vervang de mandarijn:
- **Koffiebonen soufflé:** laat 100 gram koffiebonen in de melk meetrekken.
- **Friese dumkes soufflé:** laat 50 gram anijszaad in de melk meetrekken en meng in de soufflé koekkruimels.
- **Drie peper soufflé:** laat 75 gram zwarte peperkorrels in de melk meetrekken en spatel door de massa één eetlepel gehakte groenpeperkorrels (blik) en twee eetlepels rode(besjes)peper.
- **Speculaas soufflé:** laat 25 gram speculaaskruiden in de melk meetrekken

Rijstepudding met stoofpeertjessoep

INGREDIËNTEN

100 gram paprijst

1 vanillestokje opengesneden

0,5 liter melk

100 gram suiker

6 gram gelatine

0,5 liter opgeslagen slagroom

mandarijnenlikeur

stoofpeertjessoep (zie recept)

BEREIDINGSWIJZE

Kook de paprijst in de melk met het vanillestokje.

Voeg suiker toe als de rijst gaar is.

Laat de gelatine weken en los deze op in de kokende mandarijnenlikeur en voeg dit toe aan de rijstepap.

Laat de pap afkoelen en spatel de slagroom erdoor.

Serveer met stoofpeertjessoep

Peren-notentaart

INGREDIËNTEN

500 gram bloem

350 gram suiker

300 gram boter

3 eieren

250 gram hazelnoten

20 gram bakpoeder

kaneel

mespuntje zout

500 gram peren, geschild, in vieren gesneden en
van klokhuis ontdaan

eidooier om in te smeren

BEREIDINGSWIJZE

Meng alle ingrediënten behalve de peren en maak het deeg (liefst 24 uur van tevoren).

Maak de peren schoon. Vul een springvorm (doorsnee circa 28 centimeter) voor de helft met het deeg, leg de peren hierop en vul de springvorm op met de rest van het deeg. Houd er rekening mee dat het deeg nog rijst.

Verwarm de oven voor op 160 °C.

Smeer de bovenkant in met eidooier en bak in ongeveer 1 uur af.

Stoofpeertjessoep met zoethout en mandarijn

INGREDIËNTEN

4 stoofpeertjes (Giesser Wildeman)

1 fles witte wijn van "de Linie"

200 gram suiker

2 takjes zoethout

schillen van 3 mandarijnen

1 vanillestokje

75 gram rozijnen

BEREIDINGSWIJZE

Schil de peertjes. Laat ondertussen de rest van de ingrediënten aan de kook komen. Kook de peertjes hierin gaar.

Laten afkoelen en serveren in een schaal.

Warm 'pudding'broodje met vanillepudding en frambozen

VOOR 30 BROODJES

INGREDIËNTEN

vanillepudding (zie basisrecept)

Broodjes:

1 kilogram bloem

80 gram gist

10 gram suiker

5 à 6 deciliter melk (naar behoefte)

150 gram boter

20 gram zout

eidooier om te bestrijken

Garnituur:

frambozen, poedersuiker

BEREIDINGSWIJZE

Maak vanillepudding volgens het basisrecept en laat dit afkoelen. Zet een deeg van alle grondstoffen behalve boter en zout. Voeg niet alle melk in één keer toe. Houd wat achter de hand. Voeg boter en zout pas toe nadat alle grondstoffen zijn gemengd. Het deeg mag niet te stijf zijn. Voeg zonodig nog wat melk toe.

Kneed het deeg 10 à 15 minuten, totdat het mooi glad is. Verdeel het in 3 gelijke stukken en maak er bollen van. Laat ze 10 minuten rijzen onder een doek. Sla het deeg door en maak er een pil van die overal even dik is. Lengte 40 centimeter. Laat nog 10 minuten rijzen onder een doek. Verdeel het deeg in 30 gelijke stukjes. Gebruik hiervoor een liniaal. Verwarm de oven voor op 180 °C. Maak van elk stukje een bolletje. Leg de bolletjes op volgorde zodat je straks ook weer bij het eerste bolletje begint met uitrollen. Dek ze af met een doek en laat 5 minuten rusten. Bestrijk ze met eidooier en bak ze in 20 minuten af. Vul de broodjes met de vanillepudding en frambozen en bestrooi met poeder suiker.

Vanillevla

INGREDIËNTEN

1,5 liter melk

600 gram suiker

30 eidooiers

3 vanillestokjes

1 liter slagroom, opgeklopt

BEREIDINGSWIJZE

Kook de melk met de suiker en de in lengte opengesneden vanillestokjes.

Schraap de binnenkant uit de vanillestokjes en roer dit door de vla. Laat het mengsel 15 minuten staan met een deksel op de pan. Verwarm de eidooiers met een deel van de warme melk, giet dit mengsel terug in de pan bij de rest van de melk. Zet de pan weer op het vuur om de melkmassa te binden. (Let op dat het niet gaat stollen!) Giet direct door een zeef en laat afkoelen.

Meng het met de slagroom.

Basisgerechten

Aardappelsalade

INGREDIËNTEN

400 gram aardappels
150 gram gerookt spek, in kleine dobbelsteentjes gesneden
2 sjalotten
0,5 liter mayonaise (zie basisrecept)
2 deciliter kippenbouillon
zwarte peper uit de molen
gesneden bieslook

BEREIDINGSWIJZE

Was de aardappels goed onder de kraan en borstel alle modder eraf. Kook de aardappels in de schil gaar.
Snipper in de tussentijd de sjalotten. Fruit het spek in een eetlepel olijfolie aan, voeg de sjalotsnippers en de mosterd toe en blus af met de azijn en de kippenbouillon. Dit is de vinaigrette. Schil de aardappels en snijd ze in blokjes als ze nog warm zijn. Maak de blokjes aardappel aan met de vinaigrette en meng dit met de mayonaise. Breng het geheel op smaak met zout, peper en de gesneden bieslook. Bewaar de salade op kamertemperatuur.

Duitse aardappelsalade

INGREDIËNTEN

500 gram 'nieuwe' aardappels (vastkokend)
1 laurierblaadje, 3 takjes tijm, 1 ui en 3 tenen knoflook
100 gram gerookte spekblokjes
2 eetlepels gladde mosterd
3 sjalotten, gesnipperd
3 eetlepels mosterdedik of wittewijnazijn
1 deciliter kippenbouillon (zie basisrecept)
3 eetlepels olijfolie
zout, peper uit de molen
$1/2$ bosje bieslook, gesneden

BEREIDINGSWIJZE

Kook de aardappels in de schil stevig af met laurier, tijm, knoflook, de in ringen gesneden ui en 18 gram zout per liter water. Maak ondertussen de dressing: bak in olijfolie het spek (lardons) uit, voeg de mosterd en de gesnipperde sjalotten toe en laat ze even mee fruiten. Blus daarna af met de edik of azijn en de kippenbouillon. Haal van het vuur.
Giet de aardappels af als ze gaar zijn. Schil ze en snijd ze in plakjes, leg ze in de dressing en breng ze op smaak met zout, peper uit molen en gesneden bieslook.

Aardappelpuree

INGREDIËNTEN

750 gram aardappels, geschild (Eigenheimer of Opperdoezer ronde)
1 deciliter (slag)room
100 gram boter
zeezout

BEREIDINGSWIJZE

Kook de aardappels in 2/3 water met zeezout onder een deksel gaar, giet ze af en stoom ze goed droog. Breng de boter met de room aan de kook en meng warm met de aardappels. Roer alles glad met een houten spatel en breng op smaak met zout.

Ansjovis vinaigrette (voor Caesar salade)

INGREDIËNTEN

4 ansjovisfilets (blikje)
1 eidooier
1 eetlepel mosterd
1 eetlepel citroensap
1 deciliter kippenbouillon
0,5 liter arachideolie
0,5 liter olijfolie
zout en peper

BEREIDINGSWIJZE

Pureer alle ingrediënten, behalve de olie. Monteer ze met de olie en breng het geheel op smaak met zout en peper.

Aspergesoep

INGREDIËNTEN

De aspergestukjes en kookvocht die zijn overgebleven na bereiding van de Brabantse asperges
Een scheut magere melk
1 hardgekookt ei, fijngesneden
$1/2$ bosje bieslook, gesneden

BEREIDINGSWIJZE

Laat de asperges, het kookvocht en de melk 15 minuten koken. Houd een paar aspergestukjes apart en pureer de rest met het kookvocht. Voeg hier de stukjes weer aan toe. Verdeel het ei en het bieslook over voorverwarmde borden en schep dan de soep op. Serveer hier twee bruine boterhammen met roomboter bij.

Augurken inmaken (1)

INGREDIËNTEN

1 kilogram augurk
500 gram zeezout
200 gram suiker

BEREIDINGSWIJZE

Was de augurken en bewaar ze 3 uur in het zout met suiker
Spoel ze daarna af, laat ze uitlekken en verdeel ze over
schoongemaakte weckpotten. Vullen met 1 liter inmaakazijn.

INGREDIËNTEN INMAAKAZIJN :

1 liter azijn
100 gram suiker
1 eetlepel mosterdzaad
1 chilipeper, grof gehakt
1 ui, grof gehakt
1/2 bosje dille, grof gehakt

BEREIDINGSWIJZE

Laat de ingrediënten 1 minuut koken.
Giet de azijn op de augurken in de weckpotten.
Laat ze 35 minuten stomen (steriliseren).
Laat ze op hun kop op een theedoek afkoelen.
Zet ze in de koelkast en laat ze 3 weken marineren.

Augurken inmaken (2)

INGREDIËNTEN

2 liter water
0,75 liter appelazijn
1,25 liter natuurazijn
1 kilogram suiker
75 gram zeezout
4 sjalotten
2 theelepels kurkuma
2 eetlepels mosterdzaad
1 rode peper
6 takjes dille

Meng de ingrediënten tot een marinade en laat verse augurken
hierin 3 weken marineren.

Avocadomayonaise

INGREDIËNTEN

1 rijpe avocado
1 rijpe gemondeerde (ontvelde) tomaat
1/2 Spaanse peper
1 theelepel verse koriander
2 teentjes knoflook
2 deciliter olijfolie
zeezout

BEREIDINGSWIJZE

Ontpit de avocado, maar gooi de pit niet weg. Pureer alle ingrediënten (behalve de olie) samen in een keukenmachine. Monteer
de puree met de olijfolie. Breng op smaak met zout. Voeg de
avocadopit bij de mayonaise om het verkleuren tegen te gaan.

Basilicumpuree (pistou)

INGREDIËNTEN

blaadjes van 1 bos basilicum
1 eetlepel pijnboompitten (of 2 sneden ontkorst bruinbrood)
3 tenen knoflook
1 theelepel zeezout
1 deciliter olijfolie
eventueel 2 eetlepels Parmezaanse kaas en/of peccorino

BEREIDINGSWIJZE

Pureer alle ingrediënten behalve de olie in de blender. Monteer
de puree met olijfolie.

Bechamelsaus

INGREDIËNTEN

50 gram ui, gesnipperd
1 liter melk
50 gram boter
60 gram bloem
1,25 deciliter (slag)room
zout
1 blaadje laurier

BEREIDINGSWIJZE

Fruit de uisnippers aan in de boter tot ze glazig zijn. Voeg dan de
bloem toe en roer tot een bal. Blus af met de melk (kleine
scheutjes tegelijk!). Laat de saus met het blaadje laurier erin 20
minuten zachtjes doorkoken. Giet op het laatst de slagroom erbij
en breng op smaak met zout en haal het blaadje laurier eruit.

Bierbeslag

INGREDIËNTEN

125 gram bloem
1,5 deciliter bier
0,25 deciliter slaolie
1 eidooier
1 eiwit
3 gram zout

BEREIDINGSWIJZE

Meng de bloem met het bier. Voeg alle andere ingrediënten toe, behalve het eiwit, en roer het mengsel glad. Klop vlak voor gebruik het eiwit op en spatel het door het beslag, maar niet te lang.

Bieten-pickles

INGREDIËNTEN

400 gram brunoise van gekookte bietjes
50 gram sjalotjes, gesnipperd
1 eetlepel natuurazijn
1 eetlepel gembersiroop
gesnipperde bieslook
peper en zout

BEREIDINGSWIJZE

Meng gembersiroop en azijn en vermeng het met de bietjes, de sjalotjes en de gesnipperde bieslook.
Breng op smaak met peper en zout.

Bloedworst

INGREDIËNTEN

750 gram varkensbloed
750 gram vetspek in blokjes (geweld)
250 gram vlees van de varkenskop, gaar gekookt, geplukt en gesneden
250 gram rozijnen
500 gram boekweitmeel of patentbloem
6 gram per kilogram massa, "rommelkruid" (zwarte peper, nootmuskaat, kaneel, kruidnagel, venkel, eventueel komijn)
18 gram per kilogram massa, pekelzout
(kunststof) darmen van 5 centimeter

BEREIDINGSWIJZE

Verwarm het bloed au bain marie (40 °C).
Blancheer de spekblokjes. Meng bloem, kruiden, varkenskop, vetspek en rozijnen met het bloed. Vul de darmen met dit "beslag" en wel ze in warm water (85 °C).
Als de worsten onder spanning komen te staan, zijn ze gaar. Spoel ze daarna af in koud water.

Brabantse zult

INGREDIËNTEN

varkenskoppen
18 gram kleurzout per kilo vlees
groentenbouquet
snufje "rommelkruid" (een mengsel van kruidnagel, venkelzaad, zwarte peper, nootmuskaat en eventueel komijn – alles gemalen)

BEREIDINGSWIJZE

Zet de varkenskoppen op in water met pekelzout en kook ze gaar. Voeg een halfuur voordat ze gaar zijn het groentenbouquet toe. (Dan worden de groenten niet te gaar en zijn ze makkelijk uit de bouillon te halen.) Haal de varkenskoppen eruit en laat de bouillon inkoken (niet te ver). Haal het vlees met het zwoerd van de botten af en draai dit door de gehaktmolen met een fijne plaat. Voeg aan dit vlees de bouillon toe, tot het een "goed gevulde" vloeibare massa is. Breng het geheel op smaak met zout, peper en rommelkruid.
Laat het in bakjes afkoelen.

Champignonragoût

INGREDIËNTEN

500 gram champignons, gesneden
100 gram roux
1 sjalotje, gesnipperd
20 gram boter
5 deciliter groentebouillon
zout en peper

BEREIDINGSWIJZE

Bind de groentebouillon met de roux en laat dit 10 minuten op laag vuur doorkoken. Fruit vervolgens de champignons even aan met de sjalotsnippers, voeg ze toe en laat ze even mee koken. Breng dan de ragout op smaak met peper en zout.

Champignon-truffelsaus

INGREDIËNTEN

250 gram champignons
1 liter kippenbouillon
30 gram verse truffel
50 gram boter
50 gram aardappel
zout en zwarte peper uit de molen

BEREIDINGSWIJZE

Hak de champignons fijn of draai ze door de gehaktmolen.
Breng de kippenbouillon aan de kook met de gehakte
champignons. Laat 10 minuten koken en zeef dan de bouillon
door een passerdoek. Bewaar het champignongehakt wel.
Kook in de tussentijd de aardappel(s) in water gaar. Stoom ze dan
droog, pureer ze en roer de boter erdoorheen. Laat de gezeefde
champignonkippenbouillon 1/5 inkoken. Hak de truffel fijn en
voeg het haksel aan de bouillon toe, monteer met de aardappel-
boterpuree en breng op smaak met zout en zwarte peper uit de
molen.

Gevulde courgettebloem*
Maak een vulling van het champignongehakt, stukjes truffel en
kippenfarce. Breng op smaak en vul hiermee een courgettebloem.
Stoom gaar en serveer met bovenstaande saus.

*Een beroemd gerecht van Roger Vergé

Chili

INGREDIËNTEN

1 kilogram rundergehakt
250 gram ui, gesnipperd
500 gram geweekte en gekookte bruine bonen
$1/2$ eetlepel gemalen komijn
mespuntje chilipeper
zout en peper
1 blik gepelde tomaten

BEREIDINGSWIJZE

Bak het gehakt in wat olie rul. Voeg dan de uisnippers toe en laat
het even meebakken. Voeg de overige ingrediënten toe en laat het
geheel even koken. Breng op smaak met zout en peper.

Chinese farce

INGREDIËNTEN

een deel vlees van kippenbout
een deel vetspek
een deel reuzengarnalen
garnituur is afhankelijk van het doel

BEREIDINGSWIJZE

Snijd het kippenvlees, vetspek en de schoongemaakte
reuzengarnalen in stukjes en draai dit daarna door de
gehaktmolen met de fijnste plaat.
Draai het daarna fijn in een keukenmachine en breng het op
smaak al naar gelang het doel.

Farce

INGREDIËNTEN

100 gram kipfilet
1 deciliter slagroom
1 ei
zout en peper

BEREIDINGSWIJZE

Draai de kipfilet en het ei (goed koud!) samen in de
keukenmachine fijn. Wrijf de puree door een zeef en spatel er op
ijs de slagroom door. Breng op smaak met peper en zout.

Falafel

INGREDIËNTEN

225 gram gedroogde kikkererwten, 12 uur geweekt
2 sneden witbrood
1 ui
2 tenen knoflook
1 chilipeper
1 theelepel komijnpoeder
2 eetlepels zelfrijzend bakmeel
1 bosje koriander
zout en peper

Om te paneren:
broodkruim en sesamzaad

BEREIDINGSWIJZE

Pureer alle ingrediënten in de keukenmachine en breng de puree
op smaak met zout en peper. Rol balletjes en paneer ze in de
sesamzaad met broodkruim. Frituur de balletjes falafel op 180 °C.

Dashi
(Japanse basisbouillon)

INGREDIËNTEN

30 gram geschaafde bonito
1 stuk kombu
2 deciliter soja (Kikkoman)
3 liter water
3 deciliter mirin

BEREIDINGSWIJZE

Voeg alle ingrediënten samen en laat koken. Zeef het daarna door
een passeerdoek.

Gebakken aardappelen van 'Mijn moeder'

INGREDIËNTEN

1 kilogram aardappel (Eigenheimer)
2 deciliter plantaardige olie
1 deciliter olijfolie
2 tenen knoflook (gekneusd in de schil)
1 kleine jonge prei (ragfijn gesneden) of bieslook
zeezout
mayonaise (zie basisrecept)

BEREIDINGSWIJZE

Kook de aardappels twaalf uur van te voren in de schil, vervolgens schillen en afgedekt bewaren in de koelkast (of gebruik gekookte aardappels van de vorige dag). Snijd de aardappels in grove blokjes en bak ze in de plantaardige olie goudbruin en krokant, voeg nu de tenen knoflook toe en de olijfolie. Op laatste moment klein beetje roomboter toevoegen en nog even bakken. Breng de aardappels op smaak met het zeezout en de fijn gesneden prei of bieslook en serveer ze met de mayonaise.

Gerookte eendenborst

INGREDIËNTEN

1 tamme-eendenborst
500 gram grof zeezout
50 gram suiker
rookmeel

BEREIDINGSWIJZE

Bak de eendenborst op de huid goudbruin en tot het vet uitgebakken is. Marineer de eendenborst 6 uur in het mengsel van zout en suiker. Rook daar na de eendenborst in een wok of rookoven met het rookmeel tot het rosé gerookt is. Laat hem afkoelen en bewaar in de koeling.

Gerookte paling

INGREDIËNTEN

1 kilogram verse paling met huid
1,2 kilogram zout
2 eetlepels rookmeel

BEREIDINGSWIJZE

Breng een liter water met een kilogram zout aan de kook en laat deze zoutoplossing afkoelen. Wrijf de paling in met 200 gram zout tot het slijm weg is. Maak daarna de paling schoon en haal de ingewanden eruit. Spoel goed na.
Pekel de paling 3 uur in de zoutoplossing.
Verwarm dan de oven op 80°C en leg de palingen op een rooster. Zet de rookmeel in een klein pannetje met een deksel op het vuur en zorg ervoor dat er een goede rookontwikkeling op gang komt. Zet dit pannetje zonder deksel in de oven en laat de paling in 50 minuten gaar roken.

Gerookte zalm

INGREDIËNTEN

2 zijden zalm van een zalm van 4 à 5 kilogram
1 kilogram zeezout
500 gram suiker
rookmeel

BEREIDINGSWIJZE

Laat de zalmzijden 48 uur in het zout liggen.
Laat ze 24 uur koud roken.

Filet Americain

INGREDIËNTEN

500 gram parures (afsnijdsels) van rundvlees
3 eetlepels tomatenketchup (zie basisrecept)
2 eetlepels mayonaise
1 eetlepel Dijon mosterd
1 eetlepel paprika poeder
zout, peper en tabasco

Garnituur:
gesnipperd uitje
augurkjes
kappertjes
gehakte eidooier
gehakte eiwitten

Draai het rundvlees in de gehaktmolen met een fijne plaat tot gehakt. Breng het rundergehakt op smaak met de rest van de ingrediënten. Serveer met brood en het garnituur.

Jus de veau/bruine basissaus

INGREDIËNTEN

5 kilogram kalfsbotten (in klein stukken gezaagd) en parures
100 gram gerookt spekzwoerd
1 theelepel tomatenpuree
1 prei
2 uien
1 winterwortel
$1/2$ bol knoflook
3 stengels bleekselderij ('s zomers)
$1/2$ knolselderij ('s winters)
100 gram champignonafval
2 blaadjes laurier
takjes verse tijm
3 takjes peterselie
1 eetlepel zwarte peperkorrels

BEREIDINGSWIJZE

Verwarm de oven tot 250 °C. Bak de kalfsbotten en parures bruin in de oven (dit heet 'pinceren'). Breng ze daarna over in een voldoende grote pan, blus de bakplaten af en giet het vocht bij het vlees. Voeg zoveel koud water toe dat botten en vlees net onder staan en breng aan de kook. Schuim de bouillon af en voeg het spek en de tomatenpuree toe. Houd een uur aan de kook – schuim regelmatig af! Voeg daarna de rest van de ingrediënten toe en passeer na een uur alles door een fijne zeef. Kook in tot 1/5.

Gegratineerde aardappels

INGREDIËNTEN

600 gram aardappels, geschild
3 delen slagroom
1 deel melk
zout
5 takjes tijm
1 blaadje laurier
3 tenen knoflook
2 uien, in ringen gesneden
150 gram jonge kaas, geraspt

BEREIDINGSWIJZE

Snijd de aardappels in 1 centimeter dikke plakken en leg ze in een beboterde ovenschaal. Giet slagroom en melk over de aardappels, zodat ze onder staan. Verwarm de oven voor op 180 °C. Voeg zout, tijm, laurier, uitgeperste knoflook en uien toe en plaats de schaal onder aluminiumfolie de oven. Strooi geraspte kaas over de aardappels als ze gaar zijn en zet de schaal zonder aluminiumfolie terug in de oven, om ze goudbruin te gratineren.

Gehaktbal
VOOR 2 PERSONEN

INGREDIËNTEN

250 gram half om half gehakt
1 sjalotje (gesnipperd)
1 teentje knoflook
1 eetlepel gladde mosterd
1 eetlepel sambalbadjak
1 ei
6 eetlepels vers broodkruim
zout, peper
hele nootmuskaat (met rasp)
olie, boter

BEREIDINGSWIJZE

Maak het gehakt aan met het gesnipperde sjalotje, de knoflook, sambalbadjak, mosterd, ei, broodkruim en breng het op smaak met zout, peper en nootmuskaat. Van het gehakt twee ballen draaien met natte handen en deze in de olie aanbraden tot ze aan alle kanten "goud" bruin zijn. Een klontje boter en warm water toevoegen tot ze half onderstaan. Braad de ballen in ongeveer 15 minuten gaar. De ballen uit de pan halen en de jus tot de helft inkoken en op smaak maken met iets zout en een mespuntje mosterd.

Groene kokoschutney
VOOR 10 PERSONEN

INGREDIËNTEN

250 gram geraspte kokos
1 deciliter gembervocht
1 eetlepel chilisaus
2 groene chilipepers
sap van twee limoenen
1 theelepel komijnpoeder
1 theelepel verse gember, geraspt
2 tenen knoflook
$^1/_4$ bosje koriander
$^1/_4$ bosje munt
zout, suiker naar smaak
(voeg eventueel nog wat gembervocht en limoensap toe)

BEREIDINGSWIJZE

Pureer alles in de keukenmachine tot een mooie gladde massa en bewaar dit op een koele plaats.

Gezouten citroen

INGREDIËNTEN

1 citroen (wilde of biologische)
10 gram suiker
40 gram zeezout

BEREIDINGSWIJZE

Was de citroen goed en snijd hem in de breedte door de helft, vervolgens kruislings vier maal insnijden. Leg de citroen in een gesteriliseerde weckpot, bestrooi met het zout-suikermengsel zodat de citroen onderstaat. Sluit de pot en laat de citroen zes weken zouten. Voor gebruik de citroenschil ragfijn snijden en verwerken.

Kippenbouillon met kruidentheezakjes

INGREDIËNTEN

500 gram kippenpoten zonder vlees
1 liter water
10 gram verse gember
30 gram lente-ui (groen)
2 teentjes knoflook
1 theelepel sojasaus (Kikkoman)

4 kleine katoenen servetjes, te vullen met een mengsel van:
1 chilipepertje, 2 citroenblaadjes, 1 centimeter gemberwortel,
4 takjes koriander, 1 centimeter laoswortel, 2 centimeter citroengras

BEREIDINGSWIJZE

Breng de kipkarkassen aan de kook, schuim af en laat 2 uur trekken. Voeg lente-ui, gember en knoflook toe, laat nog een halfuur trekken, zeef en breng op smaak met de sojasaus en eventueel wat zeezout. Maak 4 "theezakjes" van de katoenen servetjes. doe het kruidenmengsel erin, knoop ze dicht en serveer deze kruidenbuideltjes in de soep.

Kippenbouillon

INGREDIËNTEN

1 kilogram kippenpoten zonder vlees of een soepkip
2 liter water
20 gram verse gember
60 gram lente-ui (groen)
4 teentjes knoflook
2 theelepel sojasaus (Kikkoman)

BEREIDINGSWIJZE

Breng de kipkarkassen of soepkip aan de kook, schuim af en laat 2 uur trekken. Voeg lente-ui, gember en knoflook toe en laat nog een halfuur trekken. Zeef de bouillon en breng op smaak met de sojasaus en eventueel wat zeezout.

Hete bliksem

INGREDIËNTEN

500 gram aardappels
500 gram appel
50 gram gerookt spek
peper en zout

BEREIDINGSWIJZE

Schil de aardappels en de appels. Verwijder klokhuizen en kook gaar. Snijd ondertussen het gerookte spek fijn en bak het uit. Giet de aardappels en de appels af als ze gaar zijn, kook ze droog en pureer ze. Meng het spek door de puree en breng op smaak met peper en zout.

Hachee

INGREDIËNTEN

400 gram runderpoulet
1 flesje La Trappe dubbel trappistenbier
3 uien, gesneden
1 sjalotje, gesneden
1 theelepel gehakte chilipeper
3 blaadjes verse laurier
1 kruidnageltje
4 plakjes gewone ontbijtkoek
2 eetlepels witte wijnazijn
2 eetlepels olijfolie
zout en peper

BEREIDINGSWIJZE

Zet het soepvlees met ruim koud water op en kook het in ongeveer 3 uur gaar. Fruit de uien en de gehakte chilipeper met een scheutje olijfolie aan in een pan. Blus dit af met het flesje bier. Voeg daarna kruidkoek, kruidnagel en laurier toe en laat 5 minuten doorkoken. Schep het soepvlees uit de bouillon en voeg aan de uienmassa toe. Als de hachee te droog is, kun je er eventueel een beetje bouillon bij gieten. Maak het geheel af met zout, peper en azijn.

Hangop van Tilburgse mosterd

INGREDIËNTEN

1 liter yoghurt
2 eetlepel Tilburgse mosterd (grof)
1 eetlepel honing
1 eetlepel verse dille, fijngehakt
zwarte peper en zout

BEREIDINGSWIJZE

Laat de yoghurt 24 uur uitlekken in een etamine (kaasdoek). Meng de hangop met de mosterd, honing en dille. Breng op smaak met zout en peper.

Hollandaise saus

INGREDIËNTEN

3 eetlepels castric
3 eidooiers
150 gram boter, gesmolten
zout

Castric:

0,5 deciliter witte wijn
0,1 deciliter witte wijnazijn
1 laurierblaadje
2 takjes tijm
1 theelepel witte peperkorrels

BEREIDINGSWIJZE

Voor de castric de witte wijn en de rest van de ingrediënten aan de kook brengen en inkoken tot één vijfde. Zeven door een fijne zeef.
Klop ' au bain-marie' met de 3 eidooiers de castric gaar (doffe glans). Monteer de saus met de boter en maak het op smaak met zout.

Variatie:

Bearnaise saus: Hollandaise saus met gehakte dragon i.p.v. tijm
Choron saus: Hollandaise saus met tomaat

Kaantjes in vet

INGREDIËNTEN

2,5 kilogram buikspek
2,5 kilogram ossewit
8 teentjes knoflook
peper en zout

BEREIDINGSWIJZE

Draai het buikspek twee keer door de grove plat van de gehaktmolen. Bak het "gehakt" van spek uit in het ossewit en breng op smaak met knoflook, peper en zout.

Kalfsbouillon

INGREDIËNTEN

1 kilogram kalfspoulet of stukjes kalfsvlees (afval)
5 kilogram kalfsbotten (in kleine stukken gezaagd)
1 prei
1 winterwortel (klein)
2 uien
$^1/_2$ bol knoflook
3 stengels bleekselderij
100 gram champignon
4 tomaten
2 laurierblaadjes
4 takjes verse tijm
1 eetlepel zwarte peperkorrels

BEREIDINGSWIJZE

Rooster de kalfsbotten in een oven van 200 °C in ongeveer 3 kwartier bruin. Schep ze over in een ruime pan, voeg de kalfspoulet toe en zet ze onder water. Laat ze aan de kook komen en schuim goed af. Laat dit 5 uur pruttelen en schuim af en toe af. Was de groenten en snijd ze in niet al te kleine stukken. Voeg de groenten en de rest van de ingrediënten toen en laat ze nog een klein uur meekoken. Zeef dan de bouillon (eerst door een bolzeef, daarna door een zeef met een theedoek erin) en laat deze een nacht staan op een koude plaats. Schep de volgende dag eerst het vet van de oppervlakte. Breng voor het serveren of de verdere bereiding op smaak met zout en peper.

Kerrie/Specerijen van de V.O.C.

INGREDIËNTEN

5 rode paprika's
4 bolletjes verse gember
6 teentjes knoflook
2 uien
1 chilipeper

Voor de poeder:
2 eetlepels kurkuma
1 eetlepel cardamom
$^1/_2$ eetlepel kaneelpoeder
$^1/_2$ eetlepel komijnpoeder

BEREIDINGSWIJZE

Stoom de verse ingrediënten gaar.
Pureer en zeef ze en maak ze aan met de poeder.

Kruidenboter

INGREDIËNTEN

250 gram roomboter
1 sjalotje, fijngesnipperd
1 teentje knoflook, uitgeperst
1 eetlepel witte wijn
1 eetlepel fijngehakte peterselie
1 eetlepel fijngesneden bieslook
zeezout
zwarte peper uit de molen

BEREIDINGSWIJZE

Meng alles, breng op smaak met wat zeezout en peper en laat twee uur intrekken.

Morielje-crèmesaus

INGREDIËNTEN

30 gram gedroogde morieljes
1 deciliter madera
1 deciliter water
50 gram boter
60 gram bloem
1 liter gevogeltebouillon (zie basisrecept)
225 milliliter weekvocht van de morieljes
0,5 liter room
1 deciliter jus de veau (zie basisrecept)
50 gram koude boter

BEREIDINGSWIJZE

Laat de gedroogde morieljes 5 uur weken in 1 deciliter madera en 1 deciliter water. Maak een roux volgens het basisrecept en blus deze af met de gevogeltebouillon. Maak er een saus van en voeg het weekvocht van de morieljes toe. Kook de saus tot de helft in. Voeg room en jus de veau toe en kook dan weer tot de helft in. Monteer de saus met 50 gram koude boter, breng op smaak met zout. Snijd de gewelde morieljes in de lengte door. Spoel ze goed af en voeg ze vlak voor het doorgeven toe aan de saus.

Maïskoekjes

INGREDIËNTEN

5 verse maïskolven
5 eidooiers
3 eetlepels maïzena
$^1/_2$ bosje bieslook
zout en peper
olie om in te bakken

BEREIDINGSWIJZE

Snijd de maïs van de kolven af. Pureer de helft van de maïs in de keukenmachine met de eidooiers. Voeg maïzena toe.
Hak de andere helft grof en meng met het beslag.
Breng op smaak met zout, peper en fijngesneden bieslook.
Bak per persoon 3 koekjes in de olie.

Mayonaise

INGREDIËNTEN

2 eidooiers
1 eetlepel citroensap
1 eetlepel Hollandse gladde mosterd
zout
(eventueel een klein teentje knoflook)
0,5 liter arachideolie

BEREIDINGSWIJZE

Zorg dat alle ingrediënten op kamertemperatuur zijn. Neem zeer verse eieren. In plaats van alleen arachideolie, kun je ook kiezen voor gelijke delen arachideolie en olijfolie. Het is een simpele saus dus de smaak van alle ingrediënten is zeer bepalend. Doe de dooiers, de mosterd, het sap van een citroen en vers gemalen peper en zout in een kom en sla alles met een garde door elkaar. Blijf kloppen terwijl je er de olie uit een schenkkan bij druppelt. Elke druppel moet goed emulgeren. Zodra de saus iets vaster wordt, kun je er langzaamaan iets meer olie bij doen. Blijf kloppen totdat alle olie is gemengd.

Tip: gebruik de staafmixer
Doe in de hoge mengkan van de staafmixer de dooiers, mosterd, citroensap, zout en klop met de mixer. Laat deze uitgeschakeld in de kan staan en giet er alle olie op: de 'waterdelen' zijn nu onderin, de olie bovenop. Zet de staafmixer aan en trek deze heel langzaam naar boven. Van onderaf ontstaat een stevige emulsie van mayonaise, stijver dan de met de hand geklopte. Met wat water kan de saus verdund worden tot de gewenste dikte.

Variaties:
Groene mayonaise 1: basismayonaise met basilicumpuree.
Groene mayonaise 2: basismayonaise met fijngehakte verse kervel, geblancheerde spinazie, of met peterselie en/of dragon.
Mierikswortelmayonaise: voeg een theelepel geraspte mieriks-wortel toe. **Wasabi-mayonaise:** voeg een theelepel wasabi toe aan de basismayonaise. **Aïoli:** als olie gebruik je olijfolie en als enige smaakmaker 5 teentjes knoflook. **Rouille:** eidooiers, saffraan, aardappel, knoflook, pimentpoeder, bouillabaisse en olijfolie.
Ansjovis mayonaise: basismayonaise met gepureerde ansjovis.

Mosterdfruit

INGREDIËNTEN
Voor de siroop:
2 liter water
1 liter azijn
2 kilogram suiker
laurierblad
8 kruidnagels
2 eetlepels sambal oelek
3 stokjes kaneel
2 eetlepels mosterd

2 kilogram schoon gemaakte groenten, bijvoorbeeld:
bloemkoolroosjes
zilveruitjes
komkommer
wortel

BEREIDINGSWIJZE
Breng alle ingrediënten voor de siroop aan de kook en laat 5 minuten doorkoken. Snijd de groenten in kleine stukjes en blancheer ze. Voeg de groenten aan de siroop toe als deze is afgekoeld.

Pastadeeg

INGREDIËNTEN
1 kilogram pastabloem (grano duro)
30 eidooiers
een scheutje olijfolie
water

BEREIDINGSWIJZE
Zet het deeg en laat het een uur rusten.

Geschikt voor:
Fettuccini
Tagliatelle
Lasagna
Ravioli

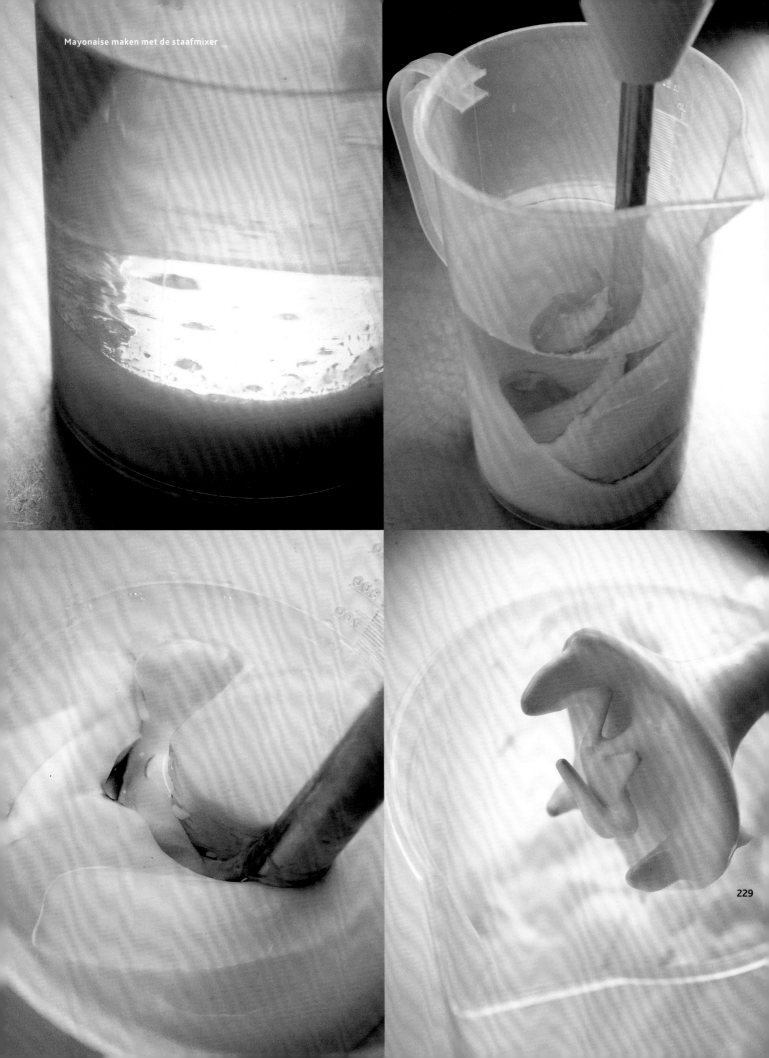

229

Pekelvlees/rookvlees

INGREDIËNTEN

1 rundermuis
1 kilogram grof zeezout
100 gram suiker
2 eetlepels rookmot

BEREIDINGSWIJZE

Pekelvlees: pekel de rundermuis 24 uur in het zout en de suiker, spoel daarna schoon, dep droog, rol in plastic en vries in tot gebruik. **Rookvlees**: leg voor rookvlees het pekelvlees in een wok, op een omgedraaid schoteltje met daar onder twee eetlepels rookmot. Zet de wok op het vuur en wacht tot de rookontwikkeling op gang komt – dek dan af met aluminiumfolie en laat 12 uur koud roken. Pak het rookvlees in plastic folie in en bewaar het in de diepvries tot gebruik.

Piccalilly

INGREDIËNTEN

60 gram bloem
20 gram gemberpoeder
40 gram kurkuma
100 gram mosterdpoeder
0,5 liter azijn
150 gram suiker
2 deciliter gembersiroop
groentegarnituur: bloemkool, zilveruitjes, wortel en paprika, in brunoise
4 eetlepels mayonaise

BEREIDINGSWIJZE

Rooster de specerijen, het mosterdpoeder en de bloem op laag vuur in een steelpan en blus af met azijn. Voeg suiker en gembersiroop toe en breng op smaak met peper en zout. Blancheer de groenten, laat ze uitlekken, dep ze droog en voeg ze toe. Meng ook de mayonaise door het geheel en bewaar koel.

Peterselie-knoflookjus

INGREDIËNTEN

200 gram boter
1 bos peterselie, fijngehakt
2 sjalotten, gesnipperd
4 tenen knoflook
sap van 1 citroen
zeezout

BEREIDINGSWIJZE

Laat de boter uitbruisen tot het de kleur van hazelnoten heeft. Voeg sjalotten en peterselie toe en stoof ze mee. Knijp de knoflooktenen uit over de peterseliejus, blus af met het citroensap en breng op smaak met zeezout.

Pepersaus

INGREDIËNTEN

2 sjalotten
25 gram boter
1 eetlepel groene pepers (vers of uit blik)
1 eetlepel rode peperbesjes
8 toeren zwarte peper uit de molen
0,5 deciliter cognac
2,5 deciliter slagroom
1 deciliter jus de veau (zie basisrecept)
snufje zout

BEREIDINGSWIJZE

Snipper de sjalotten fijn en fruit aan in de boter. Voeg de pepers toe en blus af met de cognac. Voeg de slagroom en de jus de veau toe en breng op smaak met een snufje zout.

Rijst koken

INGREDIËNTEN

400 gram rijst (lange korrel)
6 deciliter water

BEREIDINGSWIJZE

Verwarm de oven voor op 180 °C. Breng water aan de kook. Was de rijst tot het water helder geworden is en laat deze 15 minuten uitlekken. Giet de rijst bij het kokende water, wacht tot het weer kookt en roer één keer. Dek de pan af met een deksel of aluminium folie en zet hem in de oven. Laat in 15 minuten gaar stomen. Haal de pan uit de oven en laat hem 5 minuten staan zonder onder de deksel/het aluminiumfolie te kijken.
Schep dan over in een mooie schaal of dresseer op borden.

Roux

INGREDIËNTEN

50 gram boter
1 ui, gesnipperd
60 gram bloem

BEREIDINGSWIJZE

Laat de boter uitbruisen en laat hem wel of niet kleuren, afhankelijk van het doel; blank, blond of bruin. Voeg bloem toe en roer tot een bal. Voeg in kleine hoeveelheden vloeistof toe en roer tot het vocht is opgenomen in de roux. Herhaal dit op deze wijze om klontjes te voorkomen. De hoeveelheid is afhankelijk van het doel. Laat de saus, ragout of salpicon op basis van een roux in minstens 20 minuten goed gaar koken.

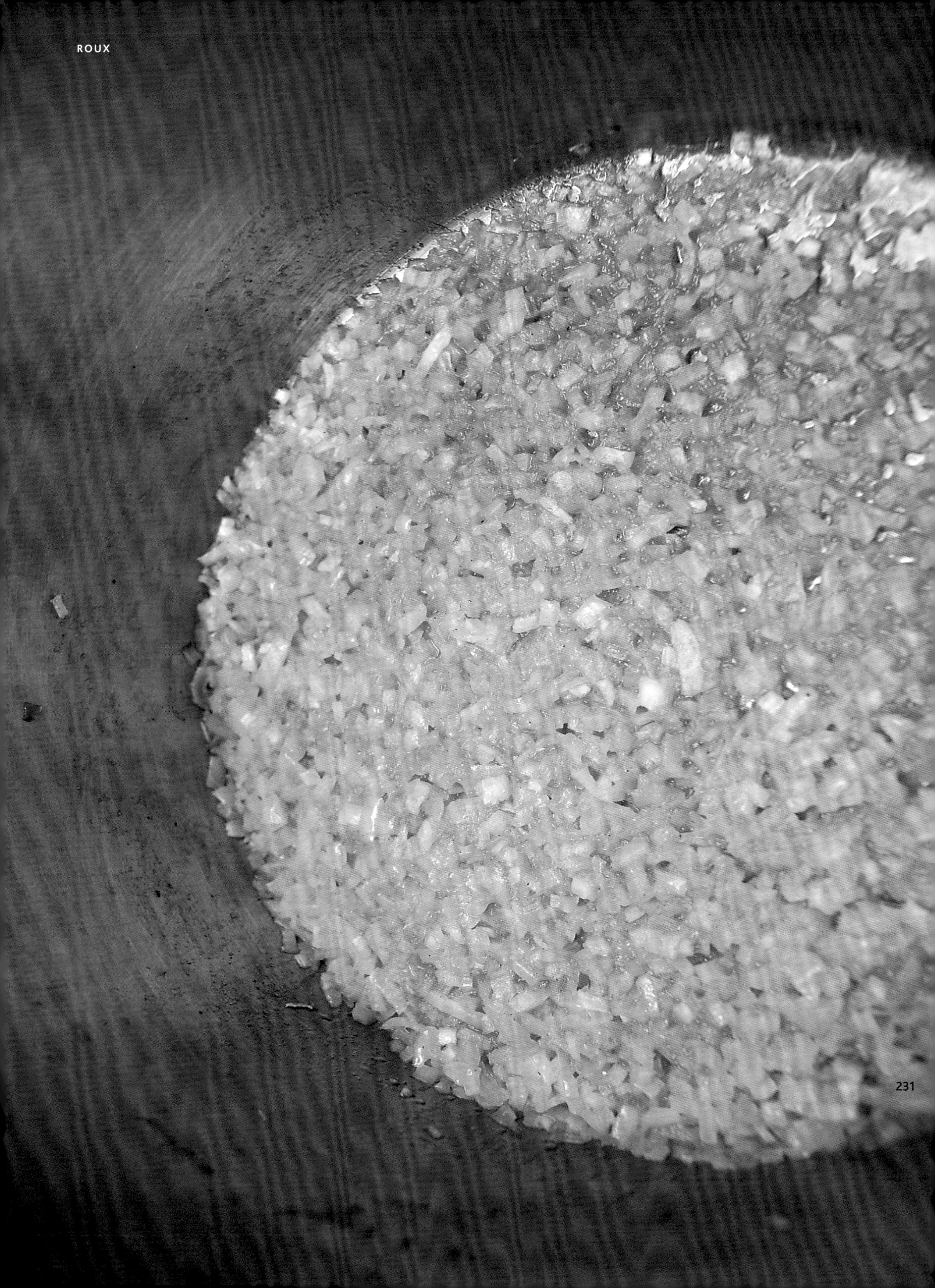

Pompoen-chutney

INGREDIËNTEN

1 kilogram pompoen, in brunoise
500 gram appel, in brunoise
1 liter azijn
100 gram gember, geraspt
suiker naar smaak
1 eetlepel sambal oelek
zout

BEREIDINGSWIJZE

Breng de azijn met de geraspte gember, sambal en suiker aan de kook. Voeg de brunoise van pompoen toe en kook deze beetgaar, voeg appel toe en laat afkoelen. Voeg een snufje zout toe.

Stokvisthee

INGREDIËNTEN

500 gram stokviskoppen (of 50 gram gedroogde bonitovlokken)
2 liter water
sojasaus (Kikkoman)
Zeeuwse keukenstroop

BEREIDINGSWIJZE

Trek van de stokviskoppen of bonitovlokken met 2 liter water een thee, zeef deze en breng op smaak met sojasaus en stroop.

Rode kool

INGREDIËNTEN

400 gram rode kool, fijngesneden
1 appel
$^{1}/_{2}$ liter rode wijn
$^{1}/_{2}$ ui, gesnipperd
50 gram rijst
zout, peper, kruidnagel, kaneel stokje, nootmuskaat,
1 blaadje laurier, 3 jeneverbessen
suiker

BEREIDINGSWIJZE

Zet alle ingrediënten op behalve de suiker.
Kook 30 minuten en breng op smaak met suiker.

Sambal van rode kool

INGREDIËNTEN

Voor de boemboe (kruidenpuree):
2 uien
4 tenen knoflook
2 chilipepers
3 centimeter verse gember

1 kleine rode kool
3 limoenblaadjes
3 appels
1 deciliter kokosmelk
3 eetlepels risottorijst
1 deciliter gembersiroop
1 deciliter appelazijn
zout

BEREIDINGSWIJZE

Maak boemboe door de uien, knoflook, chilipepers en de gember in de keukenmachine te pureren. Snijd de rode kool zeer fijn. Fruit de boemboe aan in een scheutje olie, voeg de rode kool toe, en blus af met zoveel water, dat de kool net onder komt te staan. Voeg de limoenblaadjes, appel, kokosmelk en rijst toe. Breng de kool, als hij gaar is, op smaak met gembersiroop, azijn en zout en laat 24 uur afkoelen. Serveer koud.

Rode wijnsaus
VOOR 10 PERSONEN

INGREDIËNTEN

2 kilogram kipvleugels of -karkassen
500 gram sjalotten, in ringen gesneden
3 liter rode wijn
1 liter port
1 liter jus de veau (zie basisrecept)

BEREIDINGSWIJZE

Bak de kip aan en laat daarna in een vergiet uitlekken.
Fruit in dezelfde pan de sjalotten aan en blus af met de wijn en port. Kook in tot het stroop geworden is. Voeg dan de jus de veau en de kipvleugels of -karkassen toe. Laat tot de helft inkoken en zeef de massa.

Gelakte ribbetjes

INGREDIËNTEN

spareribs
4 uien
6 kruidnagels
4 blaadjes laurier
1 eetlepel gestampte peper
zout naar smaak

Voor de marinade:
2 deciliter ketjap (ABC)
1 eetlepel sambal oelek
1 deciliter chilisaus
1 deciliter honing
5 tenen knoflook
3 eetlepels cashewnoten, fijngehakt

BEREIDINGSWIJZE

Kook de spareribs in water tot een bouillon tot het vlees gaar is.
Maak ondertussen de marinade van de ketjap, honing, chilisaus
en de gepureerde knoflook. Meng de marinade met de
gehakte cashewnoten en glaceer hiermee de spareribs door de
marinade erop te smeren met bijvoorbeeld een kwastje, rooster
de ribbetjes op de barbeque goudbruin en knapperig.

Smeerleverworst

INGREDIËNTEN

0,5 deciliter port
0,5 deciliter madera
3 sjalotten, gesnipperd
3 tenen knoflook, uitgeperst
2 takjes tijm
2 plakjes gerookt spek
300 gram kippenlever
300 gram ganzenlever
600 gram boter, gesmolten
16 gram kleurzout per kilogram
peper uit de molen
een snufje nootmuskaat
12 eieren
(eventueel plakken vetspek)

BEREIDINGSWIJZE

Breng port, madera, sjalotten, tijm, knoflook en spek met elkaar
aan de kook en laat inkoken tot stroop.
Pureer kippen- en ganzenlever samen in de keukenmachine,
voeg de ingekookte portmassa toe en breng op smaak met zout,
peper en nootmuskaat. Pureer alles, roer de eieren erdoor en
monteer op het laatst met de gesmolten, nog warme boter.
Verwarm de oven voor op 100 °C.
Giet deze massa in terrinevormen (eventueel bekleed met
vetspek) en laat ze gedurende 1 uur au bain marie gaar worden in
de oven.

'Snert'mayonaise

INGREDIËNTEN

2 eieren
2 eetlepels citroensap
1 eetlepel gladde mosterd
200 gram doperwten, uit de diepvries, ontdooid
0,5 liter arachideolie
zout
1 eetlepel zeer fijne brunoise van knolselderij
1 eetlepel zeer fijne brunoise van prei
1 theelepel citroenrasp

BEREIDINGSWIJZE

Pureer de doperwten door een zeef. Maak mayonaise door de
eieren, citroensap, mosterd, gepureerde doperwten en olie in een
litermaat met een staafmixer en roer tot een mayonaise (zie ook
basisrecept mayonaise). Breng op smaak met zout en voeg dan de
rest van de ingrediënten toe.

Tapenade

INGREDIËNTEN

500 gram zachte zwarte ontpitte olijven
50 gram kappertjes
3 tenen knoflook
100 gram ansjovisfilet (uit blik)
1 deciliter olijfolie
$^1/_2$ theelepel verse tijmblaadjes

BEREIDINGSWIJZE

Pureer de olijven in een blender fijn, samen met de kappertjes,
knoflook, ansjovisfilet en de tijm.
Monteer met de olijfolie.

Tomatenketchup

INGREDIËNTEN

5 kilogram rijpe tomaten.
100 gram tomatenpuree
2 deciliter azijn
3 uien
2 stengels bleekselderij
2 Spaanse pepers
1 rode paprika
50 gram verse gember
1 kaneelstokje
3 kruidnagels
1 eetlepel mosterd
1 theelepel oregano
3 tenen knoflook
250 gram rietsuiker

BEREIDINGSWIJZE

Kook alle ingrediënten behalve de suiker gedurende 1 uur.
Voeg de suiker toe en kook nog 15 minuten.
Zeef daarna alles en laat koken tot het ingedikt is.
Laat afkoelen en bewaar in gesteriliseerde potten.

233

Visfumet

INGREDIËNTEN

1 kilogram graten van witvis (liefst van tong en tarbot)
2 eetlepels olijfolie
1 ui
1 wit van prei
$^1/_4$ knolselderij ('s winters) 4 stengels bleekselderij ('s zomers)
200 gram champignons
2 tenen knoflook
1 blaadje laurier
3 takjes tijm
$^1/_2$ liter witte wijn
water (vis moet net onder water staan)
12 gram zeezout

BEREIDINGSWIJZE

Spoel de visgraten af. Maak de groenten schoon en snijd ze in een grove brunoise. Fruit de groenten, laurier en tijm in de olijf olie aan, snijd de visgraten klein en voeg ze toe aan de groenten. Blus ze af met de witte wijn en vul aan met water zodat de visgraten net onderstaan.
Laat aan de kook komen en schuim af. Laat ze een halfuur trekken. Breng op smaak met zeezout en zeef het geheel door een passeerdoek.

Vinaigrette, basis

INGREDIËNTEN

0,75 deciliter wittewijn azijn
0,75 deciliter water
1 liter arachide olie
1 deciliter olie
1 deciliter olijfolie
1 sjalot
2 eetlepels mosterd
zeezout
zwarte peper uit de molen

BEREIDINGSWIJZE

Voeg de ingrediënten bij elkaar en meng ze goed.

Zalmmayonaise

INGREDIËNTEN

1 zalm van ongeveer 500 gram
3 liter court bouillon (zie basisrecept)
1 liter mayonaise (zie basisrecept)

BEREIDINGSWIJZE

Pocheer de zalm gaar in groentebouillon (6 minuten per kilo), laat hem afkoelen in het kookvocht en fileer hem dan.
Doe de zalmfilet in een weckpot en nappeer er de mayonaise over.

Zoetzure prei

INGREDIËNTEN

1 prei
0,5 liter azijn
450 gram suiker
schil van een $^1/_2$ sinaasappel
schil van een $^1/_2$ citroen
$^1/_2$ kaneel stokje
$^1/_2$ theelepel korianderpoeder

BEREIDINGSWIJZE

Was de prei goed, verwijder de buitenste bladeren en snijd het groene deel eraf. Snijd het witte gedeelte in stukken van 10 centimeter. Kook gaar in ruim water met 20 gram zout per liter, en spoel af in koud water. Breng ondertussen de azijn met de rest van de ingrediënten aan de kook en laat ongeveer 5 minuten staan om de smaken in te laten trekken.
Leg de prei in de siroop en laat minimaal 24 uur intrekken.

Witte-koolsalade
VOOR 10 PERSONEN

INGREDIËNTEN

1 kilogram witte kool, gesneden
250 gram winterwortel, gesneden
1 rode paprika, geroosterd, ontveld en in reepjes gesneden
100 gram rozijnen
$^1/_2$ liter yoghurt
1 deciliter gembersiroop
2 eetlepels bieslook, gesneden
zeezout, zwarte peper uit de molen

BEREIDINGSWIJZE

Meng alle ingrediënten en breng op smaak met zout en peper.

Wortelgembermarmelade

Ingrediënten

1 kilogram wortels
1 citroen (sap en schil)
1 sinaasappel (sap en schil)
1 bolletje verse gember
675 gram geleisuiker

BEREIDINGSWIJZE

Meng alles, behalve de suiker bij elkaar. Kook het mengsel gaar en zeef het. Doe de massa in de Magimix en draai fijn met de geleisuiker. Wrijf dit vervolgens door de bolzeef. Laat afkoelen en bewaar in de koelkast.

Basispatisserie

Aardbeien-coulis

INGREDIËNTEN
500 gram aardbeien
150 gram suiker
sap van een citroen

BEREIDINGSWIJZE
Maak de aardbeien schoon en breng ze aan de kook met de suiker en citroensap. Doe het vuur uit als ze koken. Pureer ze en laat ze afkoelen.

Advocaat

INGREDIËNTEN
3 eidooiers
6 eetlepels suiker
1 deciliter (oude) jenever
merg uit 1 vanillestokje

BEREIDINGSWIJZE
Meng de ingrediënten en verwarm ze au bain-marie tot de advocaat dik is geworden.

Advocaatschuim

INGREDIËNTEN
100 gram eigeel
75 gram brandewijn
75 gram suiker

BEREIDINGSWIJZE
Klop de ingrediënten au bain-marie tot een schuim (maar laat het schuim niet te heet worden).

Appeltaart

INGREDIËNTEN
deeg:
250 gram bloem
150 gram basterd suiker
150 gram boter
1 ei
vulling:
10 appels
kaneel
suiker naar smaak
100 gram paneermeel
200 gram rozijnen (niet geweekt)
kruimeldeeg:
180 gr.am bloem
130 gr.am suiker
120 gram boter
75 gram speculaaskruiden

BEREIDINGSWIJZE
Voor het deeg, de vulling en het kruimeldeeg de ingrediënten mengen en een uur laten rusten. Beboter een springvorm en bekleed deze met het deeg, vul de vorm met de vulling en bedek het geheel met het kruimeldeeg. Bak de appeltaart af in ongeveer 1 uur op 175 ºC

Amandelkrullen

INGREDIËNTEN
500 gram eiwit
500 gram poedersuiker
300 gram bloem
170 gram boter, gesmolten
300 gram amandelen, geschaafd

BEREIDINGSWIJZE
Klop de eiwitten los en meng het met alle ingrediënten, behalve het amandelschaafsel. Voeg het schaafsel pas op het laatst toe. Laag het beslag rusten in de koeling. Verwarm ondertussen de oven voor op 175 °C.
Rol balletjes van het beslag en bak ze in 10 minuten af.

Bladerdeeg (HOLLANDSE KORST)

INGREDIËNTEN
1 kilogram bloem
1 kilogram (korst)boter, gesneden in blokjes van 1 centimeter
0,5 liter koud water
15 gram zout

BEREIDINGSWIJZE
Zeef de bloem en meng deze met de blokjes boter, het water en het zout. (Houd daarbij wel de blokjes heel). Laat het deeg een halfuur in de koelkast rusten.
Toeren:
Eerste toer: rol het deeg uit op een met bloem bestoven werkbank tot een vierkant van 50 x 50 centimeter, vouw dit vierkant van buiten af naar binnen. Vouw het deeg dan nog een keer dubbel, draai het om en vouw het in de lengte weer dubbel.
Herhaal dit nog twee keer met een halfuur pauze tussen het toeren door.

Bisschopswijnjam

INGREDIËNTEN
1 liter rode wijn
400 gram roodfruit of alleen bramen
400 gram geleisuiker
1 pijpje kaneel
1 citroenschil
1 sinaasappelschil
6 eetlepels tapioca

BEREIDINGSWIJZE
Laat de ingrediënten koken zonder het fruit. Voeg het fruit pas toe, als de tapioca gaar is en laat afkoelen.

Boterkoek

INGREDIËNTEN

- 600 gram witte basterdsuiker
- 600 gram kristalsuiker
- 1200 gram boter
- 1400 gram bloem
- 100 gram citroenrasp
- 20 gram zout
- 200 gram losgeklopt ei (circa 3 - 4 eieren)
- 1 losgeklopte eidooier

BEREIDINGSWIJZE

Draai de suiker met de boter zacht, voeg bloem, zout en citroenrasp toe. Doe als laatste de eieren erbij. Verdeel het mengsel over een bakplaat en besmeer het met eidooier. Bak af op 160 °C in ongeveer 30 minuten.

Briochebrood

INGREDIËNTEN

- 1 kilogram bloem
- 2 deciliter melk
- 6 eieren
- 225 gram zachte boter
- 40 gram verse gist
- 40 gram suiker
- 20 gram zout

BEREIDINGSWIJZE

Los de gist op in warme melk (37 °C).
Meng bloem, boter, suiker, zout en eieren met de verwarmde melk en kneed tot een mooi deeg.
Verdeel het deeg in porties en laat ze 30 minuten rijzen. Bol ze op en laat ze nogmaals rijzen. Verwarm de oven voor op 180 °C en bak de broodjes in 30 minuten af.

Briochedeeg (KOUD)

INGREDIËNTEN

- 800 gram bloem
- 250 gram koude boter (in blokjes gesneden)
- 6 eieren
- 40 gram gist
- 15 gram zout

BEREIDINGSWIJZE

Kneed de ingrediënten snel tot een glad deeg, en bewaar dit voor verwerking een halfuur in de koelkast.

Witbrood

INGREDIËNTEN

- 1 kilogram bloem
- 20 gram zout
- 20 gram witte basterdsuiker
- 100 gram boter
- 5,5 deciliter melk
- 50 gram verse gist

BEREIDINGSWIJZE

Verwarm de melk lauw tot 37 C. (niet warmer!) en los de gist hierin op. Meng dit samen met de overige ingrediënten en kneed het tot een deeg. Laat het brooddeeg één uur rijzen op 30 C.. Maak er een bol van en leg het deeg in een beboterde vorm en laat het nog een keer rijzen bij 30 C.. Bak het brood af in een voorverwarmde oven van 180 C..

Cake (KOUD BESLAG)

INGREDIËNTEN

- 500 gram boter
- 500 gram witte basterdsuiker
- 5 deciliter eieren
- 500 gram bloem, gezeefd
- een theelepel citroenrasp

BEREIDINGSWIJZE

Roer boter, suiker en citroenrasp door elkaar.
Spatel de eieren er één voor één door en klop alles luchtig tot het een taai, stevig beslag geworden is. Spatel dan de bloem erdoorheen. Verwarm de oven voor op 150 °C. Giet het beslag in een beboterde en met bloem bestoven cakeblik.
Bak af in 1 uur.

Chocolademousse

INGREDIËNTEN

- 300 gram bittere couverture
- 25 gram boter
- 2 eidooiers
- 0,5 deciliter room
- 225 gram eiwit (van 5 à 6 eieren)
- 0,5 mokkakopje espresso
- 150 gram suiker

BEREIDINGSWIJZE

Laat de couverture met de boter au bain marie smelten (32 °C).
Meng op het laatst de eidooiers erdoor.
Klop het eiwit op met de helft van de suiker.
Klop de slagroom op met de andere helft van de suiker.
Spatel het eiwit door de couverture, breng op smaak met de espresso en spatel daarna de slagroom erdoorheen. Laat de mousse opstijven in de koeling.

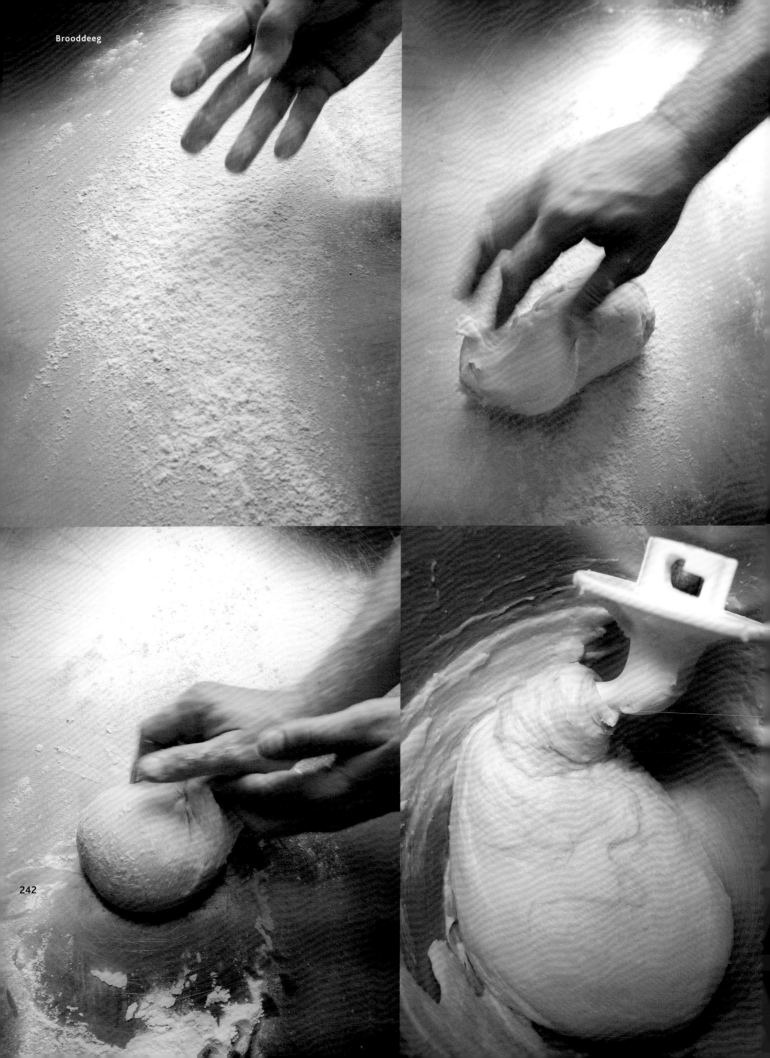

242

Chocolade nootmuskaattaartje

INGREDIËNTEN

200 gram pure couverture
100 gram boter
8 eieren
150 gram suiker
100 gram bloem
een theelepel nootmuskaat

BEREIDINGSWIJZE

Laat de couverture met de boter au bain marie smelten. Klop de eieren met de suiker luchtig op en roer de couverture met boter erdoorheen. Spatel er als laatste de bloem doorheen. Breng op smaak met de nootmuskaat.
Verwarm de oven voor op 200 °C.
Laat het beslag een half uur rusten. Vul een beboterde vorm en bak het taartje in 10 minuten af.

Crème van groene thee

INGREDIËNTEN

300 gram suiker
1 liter melk
75 gram groene thee
8 eidooiers
1 ei
70 gram bloem
60 gram maïzena
350 gram roomboter

BEREIDINGSWIJZE

Breng de melk met de suiker en de groene thee aan de kook. Laat het tien minuten laten trekken met deksel op de pan. Maak een beslag van de eidooiers, ei, bloem en maïzena en bind hiermee de thee-melk. Laat het goed doorkoken en giet het over in een bewaarbak en bedek deze met plastic. Laat het afkoelen in de koelkast. Klop de roomboter luchtig op en meng dit door de groenethee-crème.

Frangipane

INGREDIËNTEN

125 gram boter
500 gram amandelspijs
250 gram suiker
8 eieren
100 gram bloem

BEREIDINGSWIJZE

Roer de boter met het amandelspijs en de suiker los.
Spatel er daarna de eieren doorheen.
En roer er als laatste de gezeefde bloem door.
Baktijd en –temperatuur zijn afhankelijk van de toepassing.

Harderwenerdeeg

INGREDIËNTEN

100 gram basterdsuiker
200 gram boter
300 gram bloem, gezeefd
1 ei
1 theelepel citroenrasp
snufje zout

BEREIDINGSWIJZE

Meng de boter glad.
Voeg de rest van de ingrediënten toe en meng ze.
Verpak het deeg in plastic en laat het opstijven in de koelkast.

IJs, basisrecept

INGREDIËNTEN

3 liter melk
1200 gram suiker
60 eidooiers
een mespuntje zout
2 liter slagroom

BEREIDINGSWIJZE

Breng de melk met de suiker en zout aan de kook en laat 15 minuten staan met een deksel op de pan (om de smaak in te laten trekken).
Meng de melk met de eidooiers. (Giet eerst een beetje warme melk bij de eidooiers en giet dan de eidooiers bij de warme melk.)
Laat de melk binden (controleer met een spatel!) en giet direct door een zeef. Laat afkoelen en giet dan de slagroom erbij.
Draai op in een ijsmachine.

Kapsel

INGREDIËNTEN

Voor kapsel:

16 eieren
500 gram suiker
500 gram bloem
100 gram boter, gesmolten

Voor chocoladekapsel:

14 eieren
250 gram suiker
200 gram bloem
100 gram cacao
200 gram boter, gesmolten

BEREIDINGSWIJZE

Verwarm de eieren met de suiker au bain marie om de suiker op te lossen. Klop ze daarna koud en luchtig, maar stevig op.
Spatel er de bloem (en eventueel de cacao) doorheen.
Voeg de gesmolten boter toe. Verwarm de oven voor op 175 °C.
Giet het mengsel in beboterde en met bloem bestoven vormen en bak in 1 uur af.

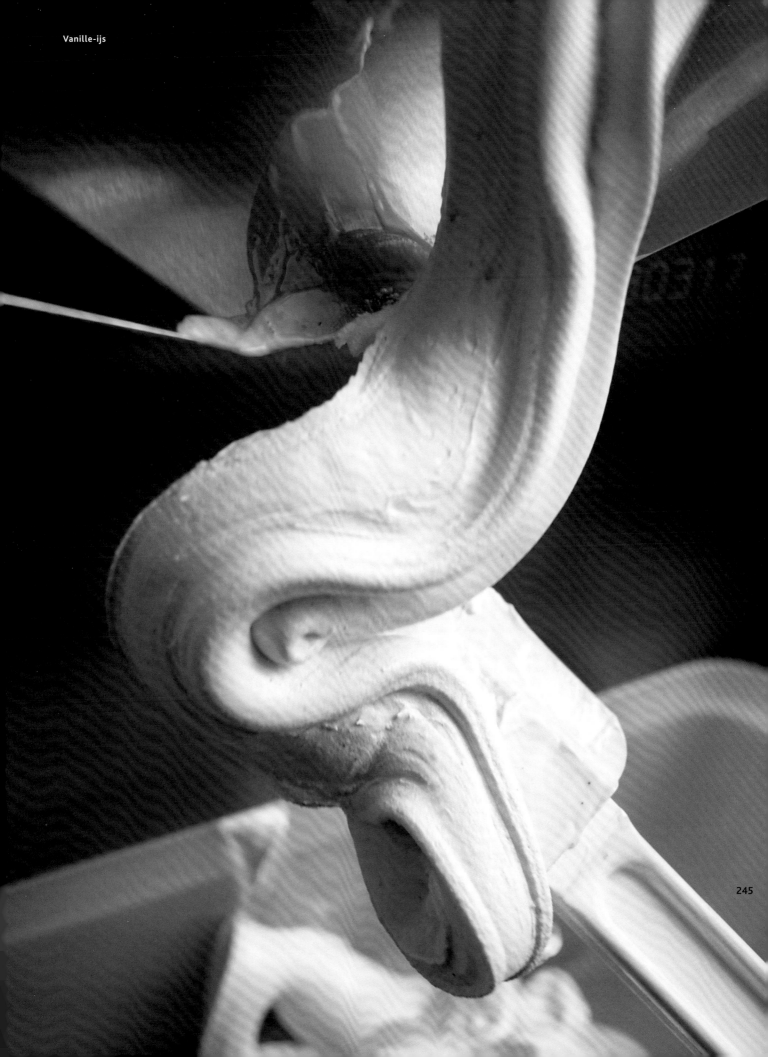

Melkbavarois/vanillebavarois

INGREDIËNTEN

7 blaadjes gelatine
(1 vanillestokje)
40 gram eidooier
80 gram suiker
4 deciliter melk
4 deciliter slagroom

BEREIDINGSWIJZE

Laat de gelatine weken. Roer de helft van de suiker met de eidooier wit. Kook de melk met de rest van de suiker en eventueel het vanillestokje. Giet de kokende melk bij het eigeel. Zet terug op het vuur en doe de geweekte gelatine erbij. Verwarm het mengsel tot het eigeel gaat binden. Zeef het en laat afkoelen tot het hangend is. Sla ondertussen de slagroom stijf. Meng de massa, als deze hangend is, met de slagroom en schep deze in een met water uitgespoelde vorm.

Notenbrood

INGREDIËNTEN

2 kilogram bloem
1 liter melk
100 gram gist
40 gram zout
200 gram boter
800 gram gemengde, geroosterde noten

BEREIDINGSWIJZE

Verwarm de melk met de gist tot 37 °C zodat de gist oplost. Meng bloem, zout, suiker, boter in een deegkom tot een glad deeg, voeg melk en gist toe en meng alles tot een stevige deegbal. Voeg de noten toe en meng opnieuw. Bol het deeg op zoals bij briochedeeg. Verwarm de oven voor op 180 °C. Laat het deeg rijzen en bak het af in 40 minuten.

Oude jeneverstroop

INGREDIËNTEN

1 liter oude jenever
300 gram suiker
1 vanillestokje
1 sinaasappelschil

BEREIDINGSWIJZE

De helft van de jenever aan de kook brengen, laat de jenever samen met de suiker, het vanillestokje en de sinaasappelschil tien minuten meetrekken. Snijd het vanillestokje open, schraap het merg eruit en voeg toe aan de jenever. De siroop af laten koelen en de rest van de jenever toevoegen.

Parfait

INGREDIËNTEN

10 eidooiers
5 eieren
350 gram suiker
1 liter slagroom
smaakstoffen (bijvoorbeeld: likeur, chocola, kaneel, pepers)

BEREIDINGSWIJZE

Klop de slagroom lobbig en bewaar deze koud. Eidooiers met de eieren en de suiker 'au bain-marie' opkloppen tot 37 °C. (lichaamtemperatuur). Haal de pan uit het water en klop de massa 'koud' tot deze verdubbeld is. De opgeklopte massa mengen met de slagroom en de smaakstoffen en in de diepvries op laten stijven.

Peperkoek

INGREDIËNTEN

1 kilogram witte patentbloem
1 theelepel bakpoeder
1 kilogram bruine basterdsuiker
4 theelepels speculaaskruiden
1 theelepel gemalen kruidnagel
1 theelepel gemalen nootmuskaat
2 eetlepels honing
200 gram rozijnen
snufje zout
2 eieren
1 liter volle melk
greinsuiker (garnituur op de koek)

BEREIDINGSWIJZE

Breng de melk aan de kook. Meng alle ingrediënten behalve de rozijnen en giet de kokende melk erbij. Meng alles goed tot een gladde massa is ontstaan. Voeg de rozijnen toe en stort het deeg in een bakvorm voorzien van bakpapier. Strijk het deeg glad en strooi er greinsuiker overheen. Bak de koek af in een voorverwarmde oven van 175 graden gedurende anderhalf uur.

Pepermunt

INGREDIËNTEN

1750 gram suiker
50 gram glucose
6 deciliter water
600 gram poedersuiker
$^1/_2$ dopje mint essence (te koop in een klein flesje)

BEREIDINGSWIJZE

Kook de suiker en glucose in het water tot 97 °R of 120 °C *). Spatel de poedersuiker en mint essence door de siroop. Stort het mengsel op slagersfolie bedekt met een flinke laag poedersuiker. Snijd in blokjes of steek er rondjes uit.

*) Reamur omrekenen naar Celcius werkt als volgt: 97 °R : 4 x 5 = 121,5 °C

Sabayon

INGREDIËNTEN

3 eidooiers
3 halve eierdopjes *) suiker
3 halve eierdopjes *) witte wijn
*) Half eierdopje is een halve eierschaal.

BEREIDINGSWIJZE

Meng alles en klop au bain-marie op tot de sabayon gaar is.

Soezen

INGREDIËNTEN

375 gram water
125 gram melk
250 gram boter
250 gram bloem
1/2 theelepel zout
1/2 theelepel suiker
9 à 10 eieren

BEREIDINGSWIJZE

Kook water, melk en boter in een pan, haal dan de pan van het vuur en spatel de bloem, het zout en de suiker erdoor. Zet het beslag terug op het vuur om de bloem te laten garen (blijf roeren). Haal dan het beslag weer van het vuur en spatel de eieren één vóór een door het beslag. Verwarm de oven op 180 °C. Beboter een bakplaat en bestuif deze met bloem. Spuit er soesjes op uit een spuitzak en bak af tot ze licht aanvoelen en goudbruin zijn, in 25 à 30 minuten.

Soufflé
VOOR 10 PERSONEN

INGREDIËNTEN

150 gram uitgelekte kwark
3,5 deciliter melk
90 gram suiker
3 vanillestokjes
80 gram bloem
5 gram aardappelzetmeel
boter en suiker om vormpjes mee in te smeren
per souflébakje van 1 deciliter:
1 eiwit
35 gram suiker

BEREIDINGSWIJZE

Laat de kwark 24 uur van te voren uitlekken. Breng de melk met de vanillestokjes en 90 gram suiker aan de kook. Snijd het vanillestokje open, schraap het merg eruit en voeg toe aan de melk. Meng er de bloem en het aardappelzetmeel doorheen en pureer het geheel in de keukenmachine. Voeg de uitgelekte kwark toe en roer goed door.
Verwarm de oven voor op 180 C., beboter de vormpjes en bestrooi met suiker. Klop de eiwitten op totdat ze gaan vlokken, voeg dan geleidelijk aan de suiker toe en wacht totdat die is opgelost. Spatel dan de basismassa erdoor , vul de vormpjes, strijk glad en bak ze af in 12 minuten.

Slagroom

INGREDIËNTEN

1 liter slagroom
120 gram suiker
1 vanillestokje (merg)

BEREIDINGSWIJZE

Doe de suiker en de merg van het vanillestokje in de room en klop de slagroom (koud) op 'crushed' ijs tot het stijf is. De slagroom koud en afgedekt bewaren in de koelkast.

Suikerdeeg

INGREDIËNTEN

400 gram boter
6 eieren
500 gram suiker
1 kilogram bloem
zout

BEREIDINGSWIJZE

Klop boter, eieren en suiker luchtig.
Voeg de bloem toe met een snufje zout en meng tot een stevig deeg. Laat een halfuur rusten.

Vanillepudding

INGREDIËNTEN

300 gram suiker
1 liter melk
1 vanillestokje
8 eidooiers
1 ei
70 gram bloem
60 gram maïzena

BEREIDINGSWIJZE

Breng de melk met de suiker en het opengesneden vanillestokje aan de kook. Laat het 10 minuten trekken met het deksel op de pan.
Snijd het vanillestokje open en schraap het merg eruit en voeg toe aan de melk. Maak van eidooiers, bloem, ei en maïzena een beslag en bind hiermee de vanillemelk. Laat goed doorkoken, giet over in een bewaarbak en bedek met plastic. Laat afkoelen en bewaar in de koelkast.

Vijgenjam

INGREDIËNTEN

400 gram verse vijgen
600 gram geleisuiker

BEREIDINGSWIJZE

Schil de vijgen en snijd deze in stukjes. Kook ze in een pan met een bodempje water. Laat vervolgens het vocht wat indampen. Voeg dan de geleisuiker toe en kook het geheel in tot een stroperige massa. Laat de jam afkoelen en zet hem in de koelkast.

Wentelteefjes

INGREDIËNTEN

2,5 deciliter melk

50 gram ei

50 gram suiker met kaneel

4 sneetjes casinobrood

50 gram boter

BEREIDINGSWIJZE

Klop de melk met het ei los. Meng de suiker met de kaneel. Haal de plakken brood, al dan niet in een vorm uitgestoken, door het melkbeslag en bak ze in een koekenpan in boter. Haal ze vervolgens door de kaneelsuiker en serveer met de bisschopswijnjam (zie basisrecept) en vanille-ijs (zie basisrecept).

Koekjes

Kletskoppen

INGREDIËNTEN

150 gram boter

200 gram sinaasappelsap

550 gram witte basterdsuiker

250 gram bloem

150 gram amandelschaafsel

BEREIDINGSWIJZE

Meng alle ingrediënten behalve het amandelschaafsel in een deegmachine. Als alles gemengd is, roer je het amandelschaafsel er voorzichtig doorheen. Laat het deeg een uur in de koeling rusten. Verwarm de oven voor op 175 °C. Maak van het deeg kleine balletjes en leg deze op een bakplaat. Bak ze in 10 minuten af. Je kunt de koekjes vormen, bijvoorbeeld in een eierrekje. (Doe dit zodra de koekjes uit de oven komen dan zijn ze nog te vormen.)

Madeleines

INGREDIËNTEN

200 gram boter

1 vanillestokje

zeste van 1 citroen

100 gram suiker

100 gram bloem

2 hele eieren

2 eidooiers

BEREIDINGSWIJZE

Smelt de boter, voeg vanille en zeste toe. Voeg bloem en suiker toe en daarna de eieren en de dooiers. Roer alles tot een geheel gladde massa. Laat het beslag rusten en opstijven. Verwarm de oven voor op 150 °C. Vul de vormpjes en bak af in ongeveer 15 minuten.

Stroopkoeken

INGREDIËNTEN

Deeg:

1 kilogram witte bloem

700 gram kristalsuiker

800 gram boter

100 gram eieren

Stroop:

400 gram suiker

0,25 deciliter room

100 gram boter

150 gram glucosestroop

mespuntje kaneel

BEREIDINGSWIJZE

Meng de ingrediënten voor het deeg en maak er een rol van met een diameter van 2 centimeter. Laat het deeg op een koele plek opstijven en snijd in plakken van 2 millimeter en bak deze af op een bakplaat (eventueel met een bakmatje), in een voorverwarmde oven van 175 C. Laat de koekjes afkoelen. Ondertussen maak je de stroop door de suiker in boter en glucose licht te karameliseren en deze af te blussen met de room. Laat het inkoken tot stroop en maak het op smaak met kaneel. De stroop lauw-warm verwerken door op één koekje stroop te smeren en vervolgens een ander koekje erop te drukken. Laat de koekjes afkoelen.

Stroopwafels

INGREDIËNTEN

450 gram boter (kamertemperatuur)

300 gram rietsuiker

5 gram zout

5 gram kaneelpoeder

250 gram melk

20 gram gistpoeder

150 gram eieren (3 x 50 gram)

600 gram bloem

BEREIDINGSWIJZE

Zet het boterdeeg (kruimeldeeg) en laat het opstijven in de koeling. Bolletjes van 10 gram in een wafelijzer bakken en uitsteken als de koekjes nog warm zijn. Stroop maken van karamel en boter op smaak gemaakt met kaneel.

Kokosmakronen

INGREDIËNTEN

250 gram geraspte kokos (klapper)
2 eiwitten
200 gram suiker
1 theelepel citroenrasp
1 theelepel gembersiroop

BEREIDING WIJZE

Meng de ingrediënten en vorm hiervan kleine "rotjes".
Bak de kokosmakroontjes in ongeveer vijftien minuten af in een voorverwarmde oven van 180 C.

Goudse moppen

INGREDIËNTEN

500 gram boter
250 gram basterdsuiker
750 gram bloem
250 gram amandelspijs
mespuntje zout
eetlepel citroenrasp
kaneelsuiker

BEREIDINGSWIJZE

Roer de boter los en meng dit met de suiker, het zout, de citroen-rasp en de amandelspijs. Voeg daarna de bloem toe en laat het deeg een uur rusten. Van het deeg rollen draaien met een diameter van circa drie centimeter dik en door de kaneelsuiker rollen. Snijd van de rol koekjes van ongeveer één cm dik en bak de koekjes af in een voorverwarmde oven van 180 C.

Jan Hagel

INGREDIËNTEN

475 gram Zeeuwse bloem
350 gram margarine
25 gram bakpoeder
250 gram basterdsuiker
40 gram ei
5 gram kaneel
losgeklopt ei
greinsuiker
amandelschaafsel

BEREIDINGSWIJZE

Meng de bloem, margarine, bakpoeder, de basterdsuiker, het ei en de kaneel tot een kruimeldeeg. Laat het deeg opstijven in de koeling. Maak een bakplaat schoon en vet deze licht in. Rol het deeg uit ter grootte van de bakplaat. Als dit erg moeilijk gaat, dan kun je dit ook in vier kleinere gedeeltes doen. Strijk de gehele deegplak in met het losgeklopte ei en strooi er dan eerst amandelschaafsel en dan greinsuiker over (niet te veel !!). Rol de suiker en het schaafsel vast met een rolstokje. Bak de plak af (goudbruin). Direct na het bakken moet de Jan Hagel gesneden worden in stukjes van 7 x 3 cm. Na afkoeling presenteren op een plaatje of inpakken in een papieren zak.

Pitmoppen

INGREDIËNTEN

250 gram bloem
200 gram margarine
125 gram basterdsuiker
5 gram vanillesuiker
25 gram ei
losgeklopt ei
halve amandelen

BEREIDINGSWIJZE

Meng de bloem, margarine, basterdsuiker, vanillesuiker en het ei en maak een kruimeldeeg. Laat het deeg in de koelkast opstijven. Rol het deeg uit tot een plak van een halve centimeter en snijd het in vierkantjes van 5 centimeter. Bestrijk de vierkantjes met het losgeklopte ei en leg er twee halve amandelen op en bestrijk het koekje opnieuw met het ei. Bak de koekjes af in ongeveer 16 – 18 minuten in een voorverwarmde oven van 180 C.

Zoete Krakelingen

INGREDIËNTEN

250 gram korstbloem / patentbloem
225 gram korstmargarine
150 gram water
4 gram zout
melissuiker (kristalsuiker)

BEREIDINGSWIJZE

Meng de ingrediënten en maak hiervan een korstdeeg en laat deze rusten in een plastic zak in de koelkast. Rol het korstdeeg uit tot 3 mm dikte en geef met een geribbelde rolstok de richting aan. Steek met een krakelingensteker (6,5 cm) plakjes uit. Leg melissuiker op het aanrecht en leg minstens drie plakjes naast elkaar op de suiker en bestrooi de plakjes met de suiker. Rol de plakjes gelijkmatig en voorzichtig uit tot ovale plakken van 8,5 cm. Schud de overtollige suiker eraf en leg ze op een bakplaat met siliconenpapier. Geef ze een rusttijd van 45 minuten. Bak ze af bij 190 C in ongeveer 15 – 20 minuten (niet te donker laten worden, eventueel de onderplaat gebruiken). Bewaar de koekjes als ze afgekoeld zijn in een papieren zak.

Cannelée

INGREDIËNTEN

7,5 deciliter melk

1 vanillestokje

225 gram suiker

3 eieren

165 gram bloem

1 deciliter rum

80 gram boter

BEREIDINGSWIJZE

Kook de melk zachtjes met het vanillestokje gedurende 15 minuten. Snijd het vanillestokje open, schraap het merg eruit en voeg toe aan de melk. Meng de suiker, eieren, bloem, rum en gesmolten boter en voeg dit toe aan de warme melk. Laat dit 24 uur staan. Verwarm de oven voor op 200 gr. C. en giet de massa in een siliconen matje met de vorm van de cannelée, en bak het af in circa 45 minuten.

Churros

INGREDIËNTEN

250 gram melk

100 gram boter

1 mespuntje zout

1 theelepel suiker

1 vanillestokje

200 gram bloem

3 eieren

kaneelsuiker

BEREIDINGSWIJZE

Breng de melk aan de kook met de boter, zout, suiker en het vanille stokje. Snijd het vanillestokje open, schraap het merg eruit en voeg toe aan de melk. Meng de bloem en de eieren met de melk tot een stevig beslag en laat dit één uur rusten. Verwarm de plantaardige olie tot 180 C.
Doe het beslag in een spuitzak en spuit met een gekartelde spuit dikke "frieten" en frituur deze tot ze goudbruin zijn. Haal ze uit de olie en wentel ze meteen door de kaneelsuiker.

DE NIEUWE NEDERLANDSE KEUKEN IN DE PRAKTIJK!

Albert Kooy brengt zijn manier van koken en zijn benadering van de Nieuwe Nederlandse Keuken op verschillende manieren in de praktijk. Hij bepaalt de ingrediënten, de kaart en het menu in een tweetal restaurants en leidt koks op bij de International Hospitality Management aan de Christelijke Hogeschool Nederland in Leeuwarden én op het Koning Willem I College in Den Bosch.

LOCAL TASTE, GLOBAL EXPERIENCE

Dit is de meest compacte samenvatting van de combinatie Albert Kooy en International Hospitality Management aan de Christelijke Hogeschool Nederland (CHN). Albert Kooy is actief als chef kok/executive food & beverage manager bij de CHN in Leeuwarden, waar hij De Nieuwe Nederlandse Keuken combineert met het internationale karakter van deze Hoge Hotelschool waarbij de studenten en medewerkers gezamenlijk meer dan 60 verschillende culturen vertegenwoordigen en die vestigingen heeft in Thailand, Qatar, Zuid-Afrika en China.

Albert Kooy heeft een rijk verleden in de nationale en internationale keuken, maar eveneens een rijk en historisch besef van lokale gerechten, smaken en eetcultuur. Door deze twee componenten met elkaar te combineren haalt hij het beste op culinair gebied uit een regio of land naar voren. En op deze manier laat Albert Kooy de lokale "eigenaar" herontdekken wat eten en culinair genieten in zijn eigen land is. Het ligt dan ook voor de hand om te kunnen concluderen dat deze unieke mix zorgdraagt voor een bijzonder avontuur van de CHN en Albert Kooy.

De ambitie van de CHN en van Albert Kooy worden hiermee verwezenlijkt: het creëren van een global experience, die recht doet aan de lokale cultuur.

Christelijke Hogeschool Nederland
Rengerslaan 8
Leeuwarden
www.chn.nl

"Bitterballen met biologische groenten en specerijen; saté van geroosterde zuurkooldadels met spek; stokvisthee met Zeeuwse mosselen; andijvie-aardappelschuim met gebarbecuede paling in stroop; wentelteefjes en pudding met boerenjongens toe. Erbij drinken we een fles Hollandse rosé van het wijngoed De Linie in Made. De Hollandse lijn is prettig consequent doorgetrok- ken. Op de drankkaart staan louter door Nederlanders geproduceerde dranken, met onder andere een heel scala aan jenevers. Op de wc staan pedaalemmers van Brabantia." Mac van Dinther, de Volkskrant

Restaurant PuntNL in 's-Hertogenbosch

Sinds juni 2005 kunt u de Nieuwe Nederlandse Keuken proeven en ervaren in het Restaurant van Geert van de Ven, PuntNL in 's Hertogenbosch. Veel recepten uit dit boek zult u daar op de menukaart tegenkomen: de recepten uit het boek zijn in PuntNL tot gerechten uitgewerkt, het koken is er gefotografeerd en de smaak is er beproefd.

Restaurant PuntNL kunt u vinden in de oude fabriekshal waar ook het Stedelijk Museum 's Hertogenbosch (SM's) is gevestigd. Aan de buitenkant lijkt het nog op een fabriekshal; aan de binnenkant is op een prachtige manier de ruimte in stand gehouden, zodat het hippe interieur prachtig uitkomt en zorgt voor een aparte sfeer. In PuntNL bepaalt Albert de kaart, het menu, en mag hij uitmaken waar de ingrediënten vandaan komen. De chef-kok, Dave van Huijkelom, zorgt voor de continuïteit.

Net als Albert zult u zich er thuis voelen: "Kwaliteit heeft niets te maken met het imago van zogenaamde luxeproducten – lekker koken begint bij topingrediënten."

Op de wijnkaart staan wijnen uit Nederland met als tophuiswijn de Linie van Marius van Stokkom, alsook wijnen die zijn gemaakt door Nederlanders in het buitenland, maar vooral opvallend is de verzameling jenevers van Van Wees . Vooral de oude jenevers die zich laten drinken als een VSOP cognac.

PuntNL is het enige restaurant in Nederland waar zonder blikken of blozen een frikadel en een kroket op het menu staan. Juist deze bijzondere Nederlandse producten, die door de fastfood-industrie verworden zijn tot ondefinieerbaar eten, worden in PuntNL door Albert in ere hersteld, doordat hij ze bereidt met kwaliteitsingrediënten en serveert als een volwaardig onderdeel van een gerecht.

Neem dit boek onder de arm en ga naar PuntNL om in een bijzondere omgeving geïnspireerd te worden door de Nieuwe Nederlandse Keuken!

PuntNL
Magistratenlaan 100, 5223 MB Den Bosch
Internet: www.restaurantpuntNL.nl

Ketchup maken op koksopleiding

Op het Koning Willem I College leer je te koken volgens de traditie van de Nieuwe Nederlandse Keuken Albert Kooy heeft ervoor gezorgd dat een deel van de binnentuin is 'opgeofferd' voor een groente- en een kruidentuin. Je moet tenslotte weten waar de ingrediënten vandaan komen.

De zomer geeft veel groenten. De smaken van die groenten zijn uniek – je zou ze willen bewaren. Het maken van ketchup of het inmaken van augurken zijn zomerse aangelegenheden bij uitstek. Leerling-koks krijgen op het Koning Willem 1 College dus geen potje met augurken voor "het snijden van een waaiertje van augurk"; ze moeten ze eerst zelf inmaken en daarna kunnen ze ermee gaan werken. Ook wordt er niet langer een fles ketchup ingekocht als basisingrediënt voor een cocktailsaus, maar maken de leerlingen gewoon zelf een mooie ketchup.

In de drie nieuwe restaurants van het Koning Willem I College wordt in drie stijlen gewerkt; er is een "Bio-kantine" (de mensa) voor gezonde lekkere gerechten of boterhammen van het Vlaamsch Broodhuijs, er is een "Streetcafé" voor Nederlandse of buitenlandse snacks. Ten slotte voeren Kooy cum suis in het luxe "Ons Restaurant" elke avond een viergangendiner volgens de… Nieuwe Nederlandse Keuken.

Kortom, de basis voor de toekomst – koken en te eten volgens de "traditie" van de Nieuwe Nederlandse Keuken – is gelegd.

Koning Willem I College
Vlijmenseweg 2
's-Hertogenbosch
internet: www.kw1c.nl

'La Nouvelle Cuisine Hollandaise en France'

Welke Nederlandse chef pakt niet de unieke kans met beide handen aan om de kaart en de keuken te bepalen van een bistro en een á la carte restaurant in Frankrijk volgens de... Nieuwe Nederlandse Keuken.

Albert Kooy deed het. Hij werd gevraagd door zijn vriend Jan van Grinsven om diens droom mede mogelijk te maken: een prachtige château in de Dordogne met een golfterrein, hotelkamers, een bistro en een restaurant.

Albert stelde zijn eisen: hij wilde koken volgens zijn ideeën van de Nieuwe Nederlandse Keuken 'met een Frans sausje' van de Périgord. De voorwaarde van het gebruik van eerlijke en verse groenten en kruiden leidde ertoe dat (een heel klein) deel van het golfterrein is opgeofferd voor een biologische groente- en kruidentuin. Uiteraard zijn de wijnen die gedronken worden gekozen uit de omgeving van Les Merles' beroemde regio Bergerac. Zowel de bistro als het restaurant worden ook veelvuldig bezocht én gewaardeerd door de Fransen. Zowaar, er is een heuse 'Nouvelle Cuisine Hollandaise'!

SARL Château les Merles
Tuilières
24520 Mouleydier
Internet: www.lesmerles.com

"Het eten is er voortreffelijk.

Zelfs de culinair wat eenkennige

Fransen komen er graag",

Joie de Vivre

'De Nieuwe Nederlandse Keuken is het waard ontdekt te

worden voor haar rijkdom en lichtheid.' Constant Fonk

BASISTECHNIEKEN

Afschuimen:
met een pollepel draaiende bewegingen maken boven een bouillon om het vuil naar de buitenkant te krijgen, waarna het gemakkelijk van de bouillon kan worden geschept.

Agar-agar:
bindmiddel afkomstig uit algen of zeewier.

Arroseren:
bedruipen met vet.

Au bain marie:
warm water bad.

Barbecue (BBQ):
op houtskool gaar roosteren (geeft gerechten een rooksmaak!). Houtskool met ruim spiritus besprenkelen en 5 minuten laten intrekken – dan pas aansteken, in de vlammen paprika's zwart roosteren (zie monderen/ ontvellen) als de vlammen weg zijn, pas beginnen. Eerst met groenten dan ongemarineerde producten en pas als het vuur zachtjes gloeit, kun je de gemarineerde producten roosteren.

Blancheren:
in ruim kokend water met zout (20 gram zout per liter water) een product "beetgaar" koken en direct afkoelen in ijswater.

Blenderen:
pureren in een blender (beker) of staafmixer.

Bonito:
Japans visschraapsel.

Boter clarifiëren:
boter au-bain marie laten smelten zodat de eiwitbestanddelen scheiden van de vetbestanddelen.

Braden:
product in een vetstof garen in een oven van 200 °C.

Braiseren (smoren):
op lage temperatuur met vetstof, vloeistof en aromaten garen.

Chemiseren:
met een hangende chaud-froid saus een koud product (op een rekje) bedekken (houd altijd een beetje warme saus apart, als de chaud-froid saus te dik wordt, kun je kleine scheutjes van deze saus toevoegen).

Clarifiëren:
helder maken door middel van clarifique: gehakt met fijngesneden groenten en eiwitten in de lauwwarme bouillon gaar laten worden, zodat deze de aromatische smaak vrijgeeft, gaar wordt en de bouillon helder wordt; 5 liter bouillon / 1,5 kilogram gehakt / 300 gram aromatische groenten.

Dresseren:
opmaken op bord of schaal.

Drogen:
in een oven van 80 °C op bakpapier een lange tijd verwarmen zodat het product krokant en intensiever van smaak wordt.

En papillote:
"in papier verpakt"; bereiding waarbij een product in zijn eigen stoom gaar wordt.

Flamberen:
alcohol verbranden.

"Fleur de Sel":
van de zoutbanken wordt er van het schuim dat erbovenop komt drijven "fleur de sel" gemaakt – mooi krokant zout dat zacht en aromatisch smaakt.

Frituren:
in ruim olie "zwemmend" bakken.

Fruiten:
zachtjes bakken in olie of boter zonder verkleuring.

Garneren:
met een garnituur versieren. Maar let wel: alles dat op bord ligt, moet eetbaar zijn!

Gelei:
gelatine (van dierlijke botten gemaakt) om een gelei te maken die niet meer verwarmd kan worden. Agar agar (van zeewier) om een gelei te maken die verwarmd kan worden.

Glaceren:
bedekken met een glimmend laagje van ingekookt vocht.

Gratineren:
voorzien van een bruine korst.

Grillen:
met straalwarmte garen.

Karameliseren:
het laten kleuren van de suiker door verhitting.

Koken:
in een vloeistof van 100 °C verwarmen.

Kombu:
een eetbare soort bruinwier.

Konfijten in vet:
in ruim vetstof langzaam garen (niet boven de 90 °C).

Koud roken:
roken zonder temperatuur; het product mag niet gaar worden.

Kruiden vijzelen:
groene kruiden voor koude sauzen altijd in een vijzel vijzelen, voor de smaak en voor de kleur!

Lage temperatuur garen:
garen op constante lage temperatuur van 41- 43 °C zodat de eiwitten niet gaan stollen en de structuur zacht blijft.

Mirin:
Janpanse kookwijn.

Monteren:
langzaam toevoegen / afbinden met boter of olie.

Myoteren:
in boter of olie aanzweten van gedroogde specerijen zoals kerrie.

Napperen:
met één beweging bedekken met saus.

Ontvellen/monderen:
tomaten 10 seconden onderdompelen in koken water en in ijswater laten afkoelen. Paprika's insmeren met olie en in een het oven of op de barbecue zwart roosteren, en dan in aluminiumfolie verpakken en na 15 minuten het vel eraf halen.

Opbinden:
een product gelijkmatig in vorm krijgen.

Paneren à l'Anglaise:
Product eerst door bloem, dan door losgeklopt ei, dan door vers broodkruim halen

Pareren:
vlees schoonmaken voor bereiding.

Passeren:
door een zeef of neteldoek zeven.

Pasta koken:
pasta in ruim kokend water met 12 gram zout per liter water gaar koken, als de pasta beetgaar is op een vergiet storten en met twee vorken los halen, nooit met koud water afspoelen!! Dan verliest de pasta zijn zetmeel en wordt de saus waarmee de pasta geserveerd wordt, niet gebonden door de pasta!

Pekelen:
zouten; droog: droog zeezout, vaak in combinatie met grove suiker (en eventueel kruiden); nat: pekelwater: 500 gram zout opgelost in 1 liter water.

Pepermolen:
altijd peper uit de pepermolen gebruiken.

Pinceren:
aanbraden van botten in de oven van 200 °C.

Plastic folie:
in een keuken hoort er altijd plasticfolie te zijn, alles wat in de koelkast bewaard wordt, moet afgedekt zijn!

Plisseren:
ontvellen in kokend water.

Pocheren:
in een vloeistof van 90 °C verwarmen.

Poêleren:
braden in een diepe pan met deksel op het vuur.

Reduceren:
inkoken.

Rijst koken:
met rijstkoker: rijst wassen uit laten lekken, anderhalf keer zoveel water in de rijstkoker, rijst toevoegen, deksel op de rijstkoker en aanzetten, de rest gaat automatisch. Zonder rijstkoker: oven verwarmen op 180°C, rijst wassen laten uit lekken en in anderhalf keer zoveel kokend water koken, met deksel op de pan in de oven zetten, 15 minuten gaar stomen, dan uit de oven halen, nog even met deksel op de pan 5 minuten laten staan!

Roerbakken:
product (in kleine stukjes gesneden) in een koekenpan in beweging bakken.

Roosteren:
product droog in een hete oven garen.

Roosteren aan het spit:
een heel lam of speenvarken op open vuur aan een draaiend spit (20 kilogram hout of houtskool voor één lam of speenvarken) in 1,2 tot 2 uur gaar roosteren; op het laatst regelmatig met olie insmeren om uitdrogen te voorkomen.

Sauteren:
kleine stukjes vlees of vis in een koekenpan in beweging bakken.

Schuim maken:
in een "kidde" (slagroomspuit) schuim maken van een bouillon, een puree of saus (eventueel met agar agar binden (6 gram/ liter)), met twee of drie patronen onder druk laten komen en opspuiten.

Slacentrifuge:
sla wassen en in een slacentrifuge droog maken, anders verdunt het lekwater de vinaigrette en verliest deze aan smaak!

Stollen van eiwit:
eidooier stolt op 63°C – eiwit stolt op 71 °C,

Stomen:
boven een vloeistofdamp verwarmen.

Stoven:
op lage temperatuur in een vetstof garen. Eerst in olie voor het dichtschroeien en kleuren, voeg dan op lager vuur voor de smaak een beetje boter toe.

Tapioca:
bewerkte en gedroogde cassavewortel.

Tempura:
frituren in een tempurabeslag: 500 gram tempurabloem of anders: $1/2$ aardappelzetmeel / $1/2$ bloem aanmaken met tempurawater: 5 eidooiers op 1 liter ijswater, (oliedikte) beslag kort roeren, zodat

er geen gluten ontstaan die het taai zouden maken. Beslag mag niet langer dan een half uur bewaard worden.

Vacuüm bereiden:
product in vacuümverpakking gaar maken. (Rönner, "waterfrituur" van 30-60 °C.)

Vers broodkruim:
witbrood zonder korst in een keukenmachine fijndraaien.

Warm roken:
roken met temperatuur om te garen.

Wokken:
in een wok, kleine stukjes, onder grote hitte roerbakken met vlam in de pan voor het "wok"-aroma.

Zeezout:
gebruik zeezout voor de natuurlijke smaak.

Zout én peper:
als het niet nodig is niet doen, bijvoorbeeld in aardappelproducten is peper altijd té overheersend, peper is een mooie smaak, respecteer die!

SNIJTECHNIEKEN

Batonnettes:
dikke reepjes 1 cm x 5 cm.

Brunoise:
blokjes: fijne brunoise 1 mm, brunoise 2 mm; grove brunoise 3 mm.

Castric:
basis voor Hollandaise saus.

Chiffonade:
zeer fijn gesneden bladgroenten en kruiden.

Chinoise:
in ruitjes gesneden.

Ciseleren:
fijn hakken waarbij het los komt van de snijplank.

Fileren:
vlees of vis van het bot of graat snijden.

Hakken:
met een groot mes of chinees bijltje een product fijnmaken.

Julienne:
dunne reepjes 1 mm x 1 mm x 5 cm.

Partjes uitsnijden:
citrusfruit: schil eraf snijden en de partjes tussen de vliezen uit snijden

Raspen:
met een rasp fijnmaken.

Schaven:
met een schaaf fijne plakjes maken.

Snipperen:
ui en sjalotten in brunoise snijden.

Trancheren:
in plakken/plakjes snijden.

VAKTERMEN, PRODUCTENKENNIS

Bonitovlokken:
geschaafde vlokken van gedroogde gefermenteerde bonito (tonijn). Basis voor de dashi.

Bouquet garni:
buideltje van aromatische kruiden.

Bouquet groente:
gesneden aromatische groente.

Cutteren:
het fijnmaken in keukenmachine.

Edik:
milde azijn op basis van wijn met een zachte zuurgraad gemaakt door Marga Vugs.

Mandoline:
keukenhulpstuk om te schaven en te snijden.

Mirepoix:
fijne brunoise van aromatische groente.

Mirepoix, vet:
Mirepoix met toevoeging van gerookt spek.

Passevite:
roerzeef.

Salpicon:
basismassa voor bitterballen en kroketten.

Sojasaus:
basissaus van gefermenteerde sojabonen en dient als basis voor bijvoorbeeld ketjap.

Sucro:
Organische stof, om schuim te verstevigen, verkrijgbaar bij professionele groothandel of apotheek.

Wasabi:
Japanse mierikswortel.

Zeste:
dunne reepjes schil van citrusvruchten zonder wit.

INDEX

269

RECEPTEN

Colofon

Titel: De Nieuwe Nederlandse Keuken
Tekst, samenstelling en receptuur: Albert Kooy
Fotografie: Pieter Ouddeken
Grafische vormgeving: Harald Slaterus, Arnhem
Redactie: Josee Koning (De Taalscholver Leiden)
Eindredactie: José Coppes
Lithografie en drukwerk: Drukkerij Tesink, Zutphen

Uitgever:
Arjen Woudenberg, KunstMag
Laakse Tuin 46
7207 NS Zutphen
www.kunstmag.nl
www.nieuwenederlandsekeuken.nl

2e druk 2007

Oplage 3000
ISBN: 978-90-808655-5-6
Nur: 441

'Allereerst wil ik natuurlijk bovenstaande mensen hartelijk bedanken.
Alleen door hun tomeloze inzet en enthousiasme heeft dit boek kunnen
verschijnen.

En natuurlijk Hetty en Tom voor het geduld om met mij te leven!

Daarnaast wil ik ook de volgende mensen bedanken, want zonder hen was
het boek niet geworden zoals het nu is: Jonnie Boer, Schilo van Coevorden,
Coen Free, Constant Fonk, Jan van Grinsven, Marc van Gulick,
Robert Kranenborg, Christian van de Linden, Erik van Loo,
Dick Middelweerd, Ton Pinxten, Angélique Schmeinck en Geert van de Ven.'

Albert Kooy

The English edition
The New Dutch Cuisine, ALbert Kooy
Published by KM Publishers, 2007
ISBN: 978-90-75979-06-0
Nur: 441

www.kmpublishers.nl

© Niets uit de uitgave mag worden verveelvoudigd, opgeslagen in een
geautomatiseerd gegevensbestand, of openbaar gemaakt, in enige vorm of
op enige wijze, hetzij elektronisch, mechanisch, door fotokopieën, opnamen
of op enige andere manier zonder voorafgaande toestemming van de
uitgever.